検証
層雲峡は、いま

観光活性化事業「プラン65」から10年

長縄三郎
Naganawa Saburo

共同文化社

検証 層雲峡は、いま

～観光活性化事業「プラン65」から10年～ 目次

◇プロローグ……10
目に飛び込んできた大臣への公開要望書 10
露出しはじめた利権行政や役人たちの怠慢 13

第一章 **大臣宛て要望書の意味するもの**

◇問題提起……18
環境省自然保護官事務所へ 18
過去の経験が脳裏に 21
二つの「裏切り」行為 23
救世主・時のアセス 26
観光地「層雲峡」の実態 27
放置されたままの再三の要望書 30

◇りんゆう観光という会社……32
札幌藻岩山スキー場のリフト経営会社として創立　32
層雲峡ロープウェイ事業に参入　33
黒岳リフト建設へ　40
高い評価受ける各種自然関連事業　42

第二章　再整備された層雲峡と活性化

◇「プラン65」再整備計画とは……46
構想づくり　46
モデルは「雲仙プラン50」とはいうが　47
◇「プラン65」を検証する……54
経営分析まで入れなかった「審査」　54
様々な事業を一気に進める　57
発想の転換、意識改革必要　59
要望書無視は役人の常とう手段　61

第三章　層雲峡と「駐車場」問題

◇なぜ、りんゆう観光は「排除」されるのか……66
再開発事業から枠外扱い　66
統括管理官宛ての要望書　67
旭岳ロープウェイ駅舎には広い駐車場がある　70
層雲峡・黒岳ロープウェイ建設の経緯　74
黒岳沢川防災工事に協力　77
◇大雪山を抱える観光地として……81
ロープウェイと環境保護　81
高齢化社会における利用者の便を考えて　83
入り込み客見積りでも考え方に差　85
しっくりいっていない地元感情　90
シンポでも「魂はこれから入れる」　93

第四章　悩める道内観光と層雲峡地区の現状

◇苦悩する北海道観光産業の実情……98
バブル崩壊、今は昔の「物語」　98
お金をかけずに楽しく観光旅行　101
産業クラスター的取り組みが必要　104
◇代表的な観光地「層雲峡」……108
観光資源に恵まれた上川町　108
観光資源としての層雲峡の価値　114
道外客の人気が高い層雲峡温泉　119
ピークは一九九一年の三百十一万人　120
◇観光地「層雲峡」の抱える悩み……124
深刻事態・地元大手の倒産　124
人気観光地の条件調査から　128
◇時代の流れを的確にとらえるために……130
旅行形態、ニーズの変化とそれへの対応　130

自然体験型資源はふんだんに 132
明るい未来を予感させる新しい流れ 133
地産地消の精神で 137
危機感持ち、生き残り策研究を 140
差別化に知恵絞り、連携を強めて 142
商店街の経営感覚と「体力」にも差 143
リゾートバブルの教訓踏まえ 147
◇生き残るために共存を模索する……149
調査研究からの提言 149
生き残りへの工夫のポイントは 151
層雲峡地区活性化へ向けて 153
世界遺産登録への視点も 157

第五章　エコツーリズムの台頭

◇自然資源との共生・エコツーリズム……164
エコツーリズムの高まり 164

地元に利益与える工夫で普及を　168
山岳地帯のトイレ、ゴミ問題　171
盗掘問題にも目を光らせる必要　174
関係機関の対応にはまだ遅れ　175
過剰利用へも警告　177
行政の機能や機構も変化　178

第六章　**その後、結末および十年後**

◇低迷する観光の立て直しへ……182
提起した問題を検証する大切さ　182
しばらくは「冷却期間」　183
層雲峡地区の活性化検討する会発足　186
見えぬ「プラン65」効果にあせりも　187
地元では先行きへ危機感も　189
二本の観光の柱・旭ヶ丘開発始動　194
産業クラスター構想のもと　195

開発される旭ヶ丘地区の位置 198
ベルの位置づけは変更 200
開発計画へは批判も 201
常に見直し、検討することの必要性 202
危惧する声にも耳を傾けて 203
辛抱強く続けられる観光PR 205
高梨沙羅選手を活用し世界にPRを 208
グリーンツーリズム緩やかに進展 210
様々な影響要因への対応は迅速に 212
◇認められたりんゆう観光の要求……214
検討会で駐車場の必要性認定 214
交通量とマイカー利用者の動向調査 215
正式に六十台分のスペースを借地契約 215
◇官民一体で知恵絞ることこそ……218
中央依存減らし、自立の力を高める 218
格安な航空路線次々と北海道に 220

旧「かんぽの宿」を元の自然に　221
層雲峡・大雪山写真ミュージアムがオープン　223
対立感情乗り越え一丸となる努力を　225
出先官庁も地元と一緒に知恵を　227
◇後掲資料……230
資料①《阿寒国立公園管理事務所宛ての要望書》　230
資料②《環境庁自然保護局大雪山国立公園上川管理官事務所宛ての要望書》　233
資料③《環境庁大雪山国立公園上川管理官事務所宛ての要望書》　239
◇大雪山国立公園および自然公園に関する年表……242
◇おわりに……252

検証　層雲峡は、いま

～観光活性化事業「プラン65」から10年～

プロローグ

◆目に飛び込んできた大臣への公開要望書

私はその時、デフレの中で苦悩する道内観光地の現状を取材するため、上川管内上川町の層雲峡温泉を訪ねていた。そして取材のさなか、しばらくぶりに大雪山国立公園黒岳の五合目まで行ってみようと思い立ち、層雲峡ロープウェイ山麓駅へと向かった。二〇〇二年三月、この地にも黄砂が降り注いだ日のことである。

それは、まったくの偶然だった。山麓駅にたどり着き、乗車券を購入するため改札口近くの券売機へ行こうとした時、駅舎の掲示板に映画ポスターサイズの張り紙があるのを目にした。それは、環境大臣宛ての要望書を拡大したもの。こうして人目に触れるように張り出しているからには余程腹に据え兼ねる何かがあるのだろうと、私は感じた。
その張り紙（実際のものは横組み）の内容は、次のようなものであった。

大雪山国立公園層雲峡地区整備に関しての要望書

〒一〇〇―八九七五　東京都千代田区霞ヶ関一―二―二　中央合同庁舎五号館
環境省
環境大臣　大木　浩　様

二〇〇二年（平成十四年）二月十四日
〒〇六〇―八五八二　札幌市東区北九条東二丁目一番八号
株式会社　りんゆう観光
代表取締役　植田　英隆

株式会社りんゆう観光は、大雪山国立公園層雲峡地区で、国有地（現在は環境省と林野庁所管)をお借りして、一九六六年より、層雲峡事業所を置き、ロープウェイ事業などを営んでおります。山麓駅舎に隣接して駐車場として利用しております、土地につきましても、種々の経緯はあったものの、これまでどおり、基本的には当社利用者を含めての駐車場スペースとして利用使用できますよう、要望いたします。

このことは、当社を含めた周辺事業者および、利用者にとっても、必要なものと考えられ、モータリゼーションの進行している中、その縮小などは全く時宜にかなわないものと考えております。

これに反するようなご処理は、特定事業者である当社のみに不都合不利益がしわよせされることにより、当社に甚大な損害を蒙らせることになります。

従前よりその必要性については、声をあげてまいりました。とりわけ、層雲峡市街地再開発計画(「プラン65」)の発表進行の中、環境庁大雪山国立公園管理事務所

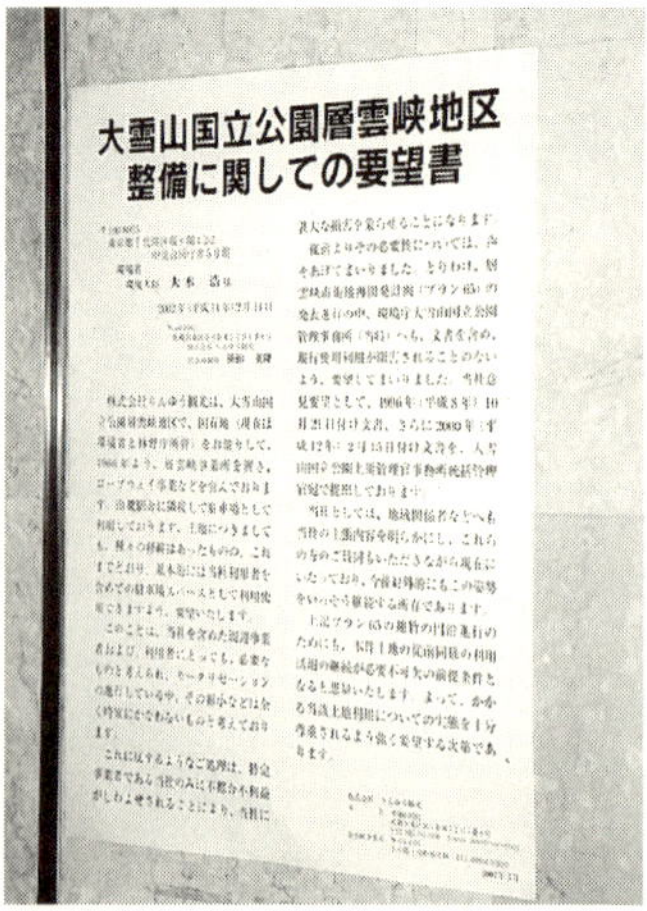

駅舎内で掲示された「要望書」

（当時）へも、文書を含め、現行使用利用が阻害されることのないよう、要望してまいりました。当社意見要望として、一九九六年十月二十一日付け文書、さらに二〇〇〇年二月十五日付け文書（後掲資料②及び③、一八九～一九五頁＝筆者注）を、大雪山国立公園上川管理官事務所統括管理官宛で提出しております。

当社としては、地域関係者などへも当社の主張内容を明らかにし、これらの方のご賛同もいただきながら現在にいたっており、今後対外的にもこの姿勢をいっそう継続する所存であります。

上記「プラン65」の趣旨の円滑進行のためにも、本件土地の従前同様の利用活用の継続が必要不可欠の前提条件となると思量いたします。よって、かかる当該土地利用についての実態を充分尊重されるよう強く要望する次第であります。

◆露出しはじめた利権行政や役人たちの怠慢

バブル経済がはじけて久しいが、この国の多くの分野ではその痛手（ツケ）が依然として顕在化していて、まだ立ち直る気配が薄い。

その根っ子の一つは「高度経済成長時代の発想なり意識を堅持していて、発想の転換や意識改革がなされていない」というところにある。

鈴木宗男のロシア支援疑惑も含めて日本の対外援助（ＯＤＡ）のズボラなやり方が様々に指摘されているが、それらの場面でいつも見られるのは「仏作って魂入れず」的なやり方である。

私も海外に行き、日本の援助で建設された病院を見たことがあるが、その時の案内者は
「病院はできたが、立派な検査機器などを使いこなせる技術者がいないために充分には機能していない」

と、いかにも悔しそうに説明してくれた。ハコは作るがその効率的な利用までには配慮しないというのが、日本の「援助」ではよく批判されることだ。

さて、振り返って国内のいろいろな施策を眺めてみても、ほぼ同じような事例が見受けられる。今論議が盛んになっている高速道路や新規格道路建設問題もしかり。道路問題の構造的な実態がやっと白日の下に出されつつあるが、国民にとってはまさしく「ブラックボックス」の中にあったという感じであろう。例えどんなに利用率が低かろうが、そんなことは二の次……。そんな裏には「利権」を生み出す用意

周到な場が用意されていたのである。国民に知らせず式の愚民政策が生んだ実態であろう。

今回私は、北海道を代表する観光地・層雲峡で、はからずも環境大臣宛ての要望書が掲示されているのを偶然目にした。そして奇麗に町並みが整備されたばかりというこの温泉郷にも、何やら内包する複雑な問題があるらしいことを知る。

こうして、それはいつものことではあるのだが、私の関心は本意をはずれ、あらぬ方向へと勝手に走りはじめたのである。

第一章

大臣宛て要望書の意味するもの

問題提起

◆環境省自然保護官事務所へ

例の「大臣への要望書」を目にした私は、すぐさまロープウェイ駅舎に隣接する問題の駐車場を確認した。駅舎の前に数台分の駐車可能な余地がある。だがそれとは別に、駅舎横から裏へとまわったところにかなり広々としたスペースがある。どうやらそこが、問題となっている駐車場のようだ。

要望書によれば、環境省はその駐車スペースを縮小しようとしている。

これに対してロープウェイ側（りんゆう観光）では、

①従来通り利用させてほしいとして過去にも文書での申し入れ要望をしてきたこと、

問題となっているロープウェイ駅舎横から裏の駐車場（1996年8月）

ロープウェイ駅舎前にも若干の駐車スペースがある（2000年9月）

②縮小がロープウェイにとり経営上からかなりの不利益となること、

③それも「しわよせ」であること、

などの理由を挙げ、環境省に対し切々と訴えた内容となっている。

黒岳五合目へ向かうことなどすっかりと忘れた私は、その足でさっそく現地にある環境省自然保護官事務所のレンジャーを訪ね、同要望書について質問をしてみた。会ってくれたのは同事務所統括管理官（レンジャー）の大坪三好氏。その大坪氏は、

「りんゆう観光がそんなものを出しているのか。何と言うことをするのだ。話し合いだからこそ、お互いに譲り合いなどして問題打開への道もあるのに……」

と、多忙な中で憤懣やるかたないといった表情で語る。

私は〈これはかなり感情的な対立があるな〉と感じた。

札幌に戻った後、私は詳しい経緯について、りんゆう観光側はもちろん、さらに環境省側へも綿密な取材をしようと考え、アポイントを取った。

◆過去の経験が脳裏に

私が層雲峡地区におけるロープウェイ横駐車場問題に興味を抱いたのには、特別な理由がある。ロープウェイ駅舎で例のポスターサイズの要望書を目にした時、私の脳裏にある過去の出来事が甦ってきたからだ。

大雪山国立公園は、これまでに幾度か「道路」建設の危機にさらされてきた。大雪山観光道路（一九五〇年代、層雲峡～赤岳～旭岳中腹～旭岳温泉＝道道）、大雪縦貫道路（一九六〇年代～一九七〇年代、トムラウシ温泉～オプタテシケ山稜～白金・天人峡温泉）、士幌高原道路（一九六〇年代～一九九九年、道道士幌然別湖線）がその代表的なもの。そのいずれもが自然保護を求める人々の熱意あふれる運動により、断念を余儀なくされたという経緯がある。

そのなかでもとりわけ記憶に新しいのが一九九九（平成十一）年、当時の堀達也・道知事が熟慮の末に断念した士幌高原道路だ。そして、断念に至るまでの間には、忘れることのできない紆余曲折があった。自然保護を通じて道路建設の反対運動に関わった人々は、当時を振り返ってその原因を「環境庁の裏切りと（横路孝弘）革新知事のそれ」と言ってはばからない。

国立公園大雪山全地域

指定総面積　23万ha

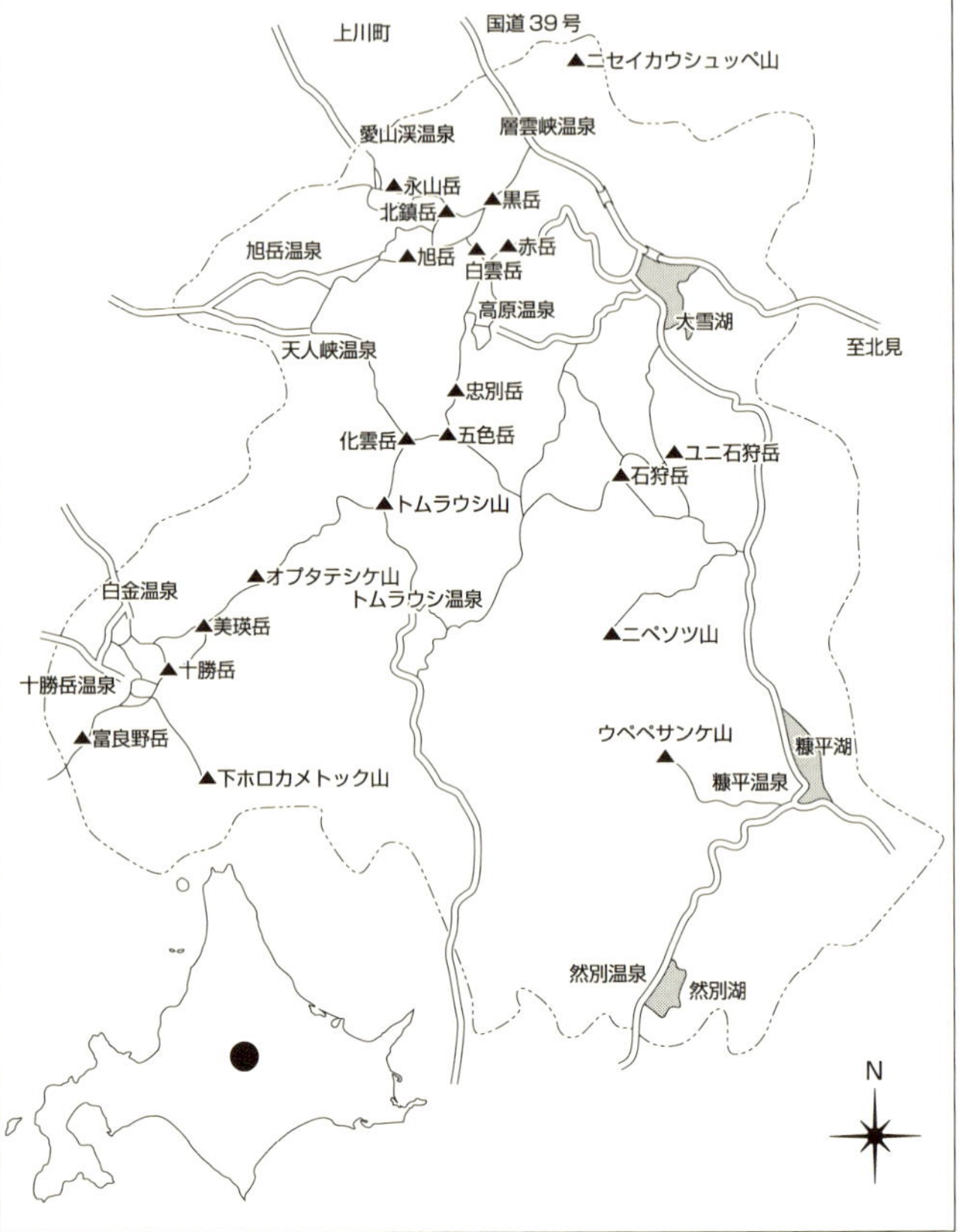

参考資料：大雪山国立公園自然観察ガイド
編集　上川町自然科学研究会

士幌高原道路の工事が国立公園区域にかかりはじめたのは、一九六五(昭和四十)年から。当時、国立公園を所管していた厚生省が「国立公園道路」として追加し工事を認可、その四年後の一九六九年に道道となった。そして工事が進むうち、ナキウサギ(氷河期の生き残りとされる＝世界遺産の項でも触れる)の生息地にかかることなど問題点が明らかとなり、自然保護運動団体から反対の声が上がりはじめた。さらには、同道路に関係する鹿追町では、町議会が反対の決議を行った。こうして、地元自治体の思惑も複雑に絡み合う状況のなかで一九七三(昭和四十八)年、当時の堂垣内尚弘・道知事(保守系)は、約一一・六キロの未開削地を残して工事を中止した。

当時は、まだ「環境アセスメント」制度(「環境影響評価条例」)ができていない時代。開発か保護かの有効な手続きとなっている同制度ができあがったのは、一九七八(昭和五十三)年のことだ。

◆二つの「裏切り」行為

ところが、バブルによるリゾート開発の嵐が吹き荒れる一九八七(昭和六十二)

年、革新であったはずの横路知事の「裏切り」によって、一度は中止になった士幌高原道路が工事再開へと動き出す。自然保護協会など諸団体がこぞって、その方針に反対を表明したことは言うまでもない。また、革新道政に期待を託す多くの人々も「裏切られた」というやり切れない気持ちを抱いたのである。

ここで興味深いのは、前述した「大雪縦貫道路の断念」と「最初の士幌高原道路工事の中止」は皮肉にも、ともに保守系である町村金五・堂垣内両知事の英断によるものであったことだ。

環境庁が設置されたのは、一九七一（昭和四十六）年のこと。その初代である大石武一長官は、人柄もさることながら、自然保護を求める国民の間からも慕われ、評価された。現地を精力的に視察し、専門家の声に耳を傾けた。尾瀬の観光道路工事にストップをかけたことで知られるが、よい意味で即断即決の人でもあった。

工事のはじまった「大雪縦貫道路」に対する反対運動も、そうした大石長官に期待をかけた部分が少なからずあったはずだ。これは環境庁の自然環境保全審議会にあげられ、保護派有利の情勢のもと、一九七三（昭和四十八）年十月、北海道開発局は道路計画を断念し、計画そのものを取り下げたのである。その際、同審議会の林修三自然公園部会長が、大雪山国立公園及び国立公園の道路計画に関する談話を公表している。それは、要約すると次のようなものであった。

①わが国に残された数少ない原始地域である大雪山の保護は非常に重要である。
②これまでの国立公園の保護・利用のあり方には反省が必要である。
③観光道路建設の理由とされた過疎解消について、道路建設はその決め手とならない。
④その上で、国立公園道路計画策定に当たっては、他に道路に代替する適切な手段が見出せない場合で、その場合でも原始的自然環境、高山帯や急傾斜地、希少な動植物の生息地、優れた景観地などは予め避けることが必要である。

この林談話は、以後の基本方針として尊重されていく。しかし、横路孝弘道知事の時代、士幌高原道路工事再開表明の際には「例外扱い」となったのである。具体的には、一九八七(昭和六十二)年八月、当時の丸谷金保参議院議員の国会質問に、環境庁は「(林)談話は適用されない」と、士幌高原道路の工事再開を事実上認める答弁を行った。自然破壊の恐れありとして一度中止された工事が、環境庁の「裏切り」により再開となったのである。

以後、道は「地元の要望」や「地域の活性化」などを理由に、未開削部分の全線トンネル化への計画変更で批判をかわそうと意図しつつ、工事を再開した。

しかし、自然保護団体を中心とする粘り強い反対運動は衰えることがなかった。全国的な署名運動など、その輪はさらに広がっていく。ナキウサギへの重大な影響を懸念する人たちが中心となり、「ナキウサギふぁんくらぶ」も結成された。そして一九九六（平成八）年には、道知事を相手に「ナキウサギ裁判」が札幌地裁にあげられ、翌一九九七年には裁判所によるナキウサギ生息地の現地視察（検証）も行われた。

◆救世主・時のアセス

こうした状況のもと、道は一九九八（平成十）年、〝時のアセスメント制度（以降、時のアセスと略す）〟を新設する。長い期間をかけながらもあまり有効性の認められない公共事業について、それを見直し、中断できる制度だ。これにより自然保護上で問題になっている工事が調査され、中止できる方策ができあがった。

時のアセスで見直された工事のなかでも、士幌高原道路工事の（再）中止には、かなりの抵抗があった。だが、全国から二十万人を超える反対署名があったことも後押しとなり、ついに堀道知事は一九九九（平成十一）年、中止を余儀なくされるに至ったのである。

◆観光地「層雲峡」の実態

なぜ、このような大雪山国立公園の道路建設をめぐる経緯を述べる必要があったのか。それは、はからずもここで露出した環境省（庁）の姿勢が、私一個人だけではなく多くの自然保護運動家から、常に懐疑の目で見られていることを知ってほしいからである。

今回、層雲峡のロープウェイ駅舎で環境大臣に宛てた一通の要望書が張り出されているのを目にして、私の心の奥底にフツフツと、懐疑の気持ちが再び芽生えた。ここ層雲峡地区でも、何やら「地元」を置き去りにしたように見える行政の手法が、これまでも散見されていたのである。「プラン65」再整備計画で一度は地元に「期待」を抱かせ事業をまとめあげ、ハコを作り上げはした。ところが、その運用効果がいつまでたっても現れてこない。それを行政側では「地元の努力が足りない」とするだけで済ますつもりのようなのだ。いずれにせよ、すべてを「バブル崩壊」で片付けようとしても、事は少しもよい方向へと進みはしない。

そうした「プラン65」計画進行の過程の中で、「期待」が大きかっただけに大きな「融資」を受けた事業者が少なからずいた。換言すれば大きな「借金」をした多くの商店主たちがいたのである。融資の審査はそれなりに厳しく行われたようだが、「お目こぼし」的な話も見え隠れする。また、肝心の「地元」のとりまとめについても行政サイドの手ぬかりが今になって尾を引く問題を表面化させている。問題先送りの「役人体質」がここでも見受けられるのだ。確かに環境省、町、民間が手を取り合ってという形での画期的な事業、意義のある事業との評価は分かるが、そこで将来的にも事業（生活）を続けていこうとする「主人公（地元）」の事業の将来展望の見極めや一丸性に対する配慮が欠けていたのである。

反目していたり、それを助長したりすることを行政側が暗黙のうちに行っていなかったのか。本町意識とも異なる層雲峡意識、「自分さえ良ければ」という利己的意識、さらに層雲峡の中でも大手資本のホテルとも異なる「地元」意識、加えて通年的にお客を呼べるロープウェイ施設を持つ中核企業。これらの間の意思疎通は必ずしも充分になされていたとは言い難いことが、以後の取材を通して徐々に分かっていく。

後述するエコツーリズムという新しい旅行タイプの台頭の中で、観光サイドのニーズは変化し、実に多様化してきている。それらをいち早く捉えて客を受け入れる側が対応していかないと、層雲峡の集客力はますます低下するだろう。立派なハコができあがったのだから、それをどう有効に生かし集客力を増す観光PRを展開し、地域の活力へ結びつけるのかという戦略が、早急に立てられなければならないはずだ。

加えて二〇〇二（平成十四）年六月、ボリショイサーカス公演を実現させて全国にその名をはせ、層雲峡でも二つのホテルを経営の本間興業が破綻した。二つのホテル（一つは当面営業を継続）で層雲峡全体の収容数の二割弱を占めているから、今後の影響は大きいと見られる。まさに層雲峡にとり大きな試練をまた一つ抱えたことになる。

こうした状況下にあるだけになおさら、そこに生活する人たち皆が「結束」して事に当たらねばならないことを自覚すべきである。そして懸案事項を速やかに整理・解決し、官民含め「地元」が一丸となった取り組みというものが切に望まれよう。大雪山の自然は貴重な私たちの財産である。これを大切に護っていくことは当然のこと。だが、それを資源とした観光や登山・体験ツアーなど、共存共栄できる道はきっとあるはずなのだが。

◆放置されたままの再三の要望書

さて、駐車場問題に話を戻そう。りんゆう観光の植田英隆社長は、同要望書について次のように答えてくれた。

「これまでの私どもの立場を改めてはっきりとさせるため、二月に大臣宛てに郵送しましたが、返答がありません。それでであえて公開要望書を張り出しました。そこには、ロープウェイを利用される皆さんにも理解の輪を広げたいという思いもあります。また、地元の関係者、町や観光協会などにも同様のものを配りました。このことに関して、特に私どもの立場に反対を表明する人はいません」

後で詳しく経緯を見て行くが、歴代の統括管理官（レンジャー）に対して、同社は同様の要望書を提出してきた。だが、いずれもいっこうに文書回答はされていない。せめて「現時点ではご要望に沿えません」とか「これこれの理由から無理です」なりの文書での回答はできなかったものか、と思う。これでは、言質を取られないための役人一流の保身術の一つなのだろうと考えても止むを得まい。

そうなると、誠意のないお役所の対応に堪忍袋の緒が切れたため、大臣への直接公開要望となったという植田社長の心情も理解できる。

だが、この種のやり方を役人はとにかく嫌う。頭ごなしにやられると、できることもできなくなる、というくだらない掟が官公庁にはよくあることを、私も体験的に知っているからだ。

りんゆう観光という会社

◆札幌藻岩山スキー場のリフト経営会社として創立

ロープウェイやリフトを経営する会社というものは、開発行為を専ら中心的に考えるものと思われる方も多いだろう。開発行為は自然が傷つけられることが多い。また、その行為により侵入しやすくなった場所では、心ないものによる貴重な高山植物の盗掘なども行われるからだ。もちろん、こうした行為を平然と行うような企業は「悪者」呼ばわりされても仕方がないだろう。

だからこそ、ここで層雲峡地区にてロープウェイやリフト、スキー場を経営する民間会社「りんゆう観光」のアウトラインに触れておかねばなるまい。

同社は、札幌藻岩山スキー場のリフト経営会社として一九五九（昭和三十四）年十月、前身である札幌林友観光として創立された。もともと創業者の植田家は、一八七四（明治七）年から植田木工場を手がけてきた。現社長の父親である故植田英次氏はスキーが得意で、学生時代は各種の大会の選手として出場していた。こうした経緯からスキー場経営の要請を札幌市などから受け、経営に着手することになる。

当時の国有林野内に設置するスキー場の取扱要領（一九五九年林野政第五三一一号）には、そのあたりの国民的な傾向にもふれ、

「その結果として自然風景の保護は勿論、安全且つ容易に大衆が利用する事が出来る施設の設置を図ることが極めて緊急の問題となっているが……」

などと通達されている。こうしたことから、藻岩山の国有林利用を促進したいとする国が国有林の経営を理解し責任に任じ得る企業を選択するにあたり、同社に内打診、これを受けての会社（札幌林友観光）創立となったのである。

◆層雲峡ロープウェイ事業に参入

一方、大雪山国立公園内の黒岳にも、自然破壊の最も少ないと思われるロープウェイやリフトなどの施設計画は、大雪山が国立公園に指定となった一九三四(昭和九)

空撮による層雲峡・黒岳ロープウェイ駅舎から黒岳山頂に至る景観

年以降、当時の国立公園局でも検討されていた。それが具体的な要望の形で表れたのは、北海道電力が層雲峡地区で発電所建設に着手した一九五二（昭和二十七）年のこと。この時は、上川町が北電に新たな観光資源としてロープウェイ建設を強く要請したのだが、実現できずに終わっている。

ロープウェイ建設の望みを捨てきれない上川町は層雲峡観光協会とともに一九六一（昭和三十六）年、安全索道㈱に依頼して黒岳ロープウェイとリフトの建設計画案を作成した。そしてその翌年、北海道炭礦汽船㈱の傍系会社である北海道不動産㈱が事業に興味を示し、現地調査、設計に着手した。だが、結局これも実施には至らなかった。

そんな折り、札幌林友観光の植田英次氏（後の二代目社長）が、ある大会出席のため層雲峡へ赴く。そこでロープウェイ事業が白紙撤回になったことを知り、事業参画に興味を抱き、英武社長にそのことを告げたのである。その内容に理解を示した英武社長は、上川町の内諾を得て一九六四（昭和三十九）年二月二十六日、上川町議会を訪ね、正式に協力要請を行った。同年三月二十六日、自然公園法による事業執行認可申請書が厚生省に提出される。五月には社名も北海道林友観光㈱へ変更した。

当時、冬期間の道民の楽しみと言えばスキーとスケート、ソリくらいしかなかった時代。道内各都市では盛んにスキー場やスケート場づくりが進められており、その運営・営業を行政としては力のある民間会社に任せたい考えであった。そうした中で、同社は信頼度を高めていた。

申請書が自然公園審議会を通過したのは翌一九六五年六月二十二日のこと。一九六七（昭和四十二）年にロープウェイの営業を開始するのだが、それまでの間に紆余曲折はあった。三浦富造著『緑色濃く――北海道林友観光㈱と共に』（一九八一年、北海道林友観光㈱発行）には、次のように記されている。

一九六四（昭和三十九）年十一月十一日再度書類を作り直して再申請をしている。あとは自然公園審議会の通過を待つばかりであるがここで自然保護団体の動きが具体化して来た。

しかしこれは現在の様に革新団体その他が巾広く介入して反対すると言う様なものでなく寧ろ慎重に事を進めて欲しいと言う様な態度である。即ち一九六五（昭和四十）年一月十八日付を以て北海道自然保護協会長より町村知事宛に「大雪山国立公園における黒岳及びユコマンベツ方面からのロープウェイ又はリフト施設に関する意見書」が提出されたが文中「施設の実施については諸種の点に於て深甚なる配慮が必要不可欠である」として、真向から反対する事ではない。

これは当時自然保護協会をリードしていた北大の犬飼先生や井出先生等の積極的な考え方からの態度決定だと思われる。

意見書中黒岳の施設に関しての要点は

一、黒岳は雪崩が多い場所である。スキー施設は惨事を招く

二、黒岳頂上附近ことに施設予定地は高山植物の群落である。事前に保護施設の完備をする要がある

三、黒岳ユコマンベツの沿線の高山植物が荒される事への配慮

以上の三点を挙げ黒岳の雪崩と高山植物の保護を更に強調して結んでいる。

同様の文書は自然公園審議会長宛にも提出されたので道庁ではその窓口の立場に於て次の要点の回答をして自然保護協会関係に終止符を打った。

その基本的な事項は
一、自然公園法の趣旨に則り単なる保護ではなく「その利用、促進を図りもって国民の保養休養及教化に資する」方針をとらざるを得ない
二、そのために（大雪山国立公園の施設として）ホロカイシカリ赤岳線の車道、湧駒別から姿見池迄の索道、層雲峡索道の三方法を考慮している。
三、特別保護地区内には入れない、特に黒岳は五合目で打ち切りその上へは夏山リフト等も設けない
の三点である。（中略）
一九六五（昭和四十）年二月二十七日厚生省国立公園局休養施設課長から道庁林務部長宛照会があった。
その趣旨は
第一、冬期営業は遭難を招くので取止めること
第二、終点（ロープウェイ）から更に上部にスキー場及リフト（甲、乙、特索）設置計画がある様に聞くが風致保護上適当でないので取止めること
第三、危険防止の具体策を提出すること

の三点である。

上記（右記）に対して一九六五（昭和四十）年三月六日付社長名で次の趣旨を回答した。

「遭難のない様なスキー場は出来る。その安全性が客観的に立証される位置区域を選定することを考えるが差当り冬期間の営業は当分とり止める」

本回答は現社長（英次氏）を中心として作製されたものと思われるが当時の厚生省の考え方から見て一応それに従わざるを得ない立場を認識しながらも、将来に於てスキー場設置の悲願を貫こうとする意志を敢然として表明したものである。

こうして一九六五（昭和四十）年十月十九日、ようやく北海道林友観光に事業執行認可が出される。翌年六月二十二日に起工式が行われ、一九六七（昭和四十二）年六月二十九日、落成式を挙行した。記念すべき開業第一日目は、落成式翌日の同月三十日だった。

だが、同社にとって悲願であるリフト建設までには、まだまだ数多くの障害が残されていた。引用文中にあったように、厚生省の方針「終点（ロープウェイ）から更に上部にスキー場及リフト（甲、乙、特索）設置計画がある様に聞くが風致保護上適当でないので取止めること」がネックになっていたのである。

◆黒岳リフト建設へ

リフト設置に関しては、当時の野田上川町長も「ロープウェイができただけで喜んではおられない」と、その建設に熱心な姿勢を見せていたという。冬期の入り込み客を増加させることは、野田町長の悲願でもあったのだ。そうした町の後押しもあり、同社はロープウェイの運行開始後、リフト計画に着手する。

計画については「大雪山国立公園管理事務所や道庁の意見を聞き乍ら検討した」（前掲書）というが、「風致保護上適当でない」という先の取り決めが壁となって厚生省の牙城を崩すことは困難に見えた。だが、野田町長らとともに各方面へ粘り強く陳情を続ける。その陳情先は日本山岳会の深田久弥氏にまで及んだという。そうしたなか、同社と厚生省の間に立ったのが、当時道国立公園課の主任技師であった俵浩三氏（後の北海道自然保護協会会長で、現・専修大学北海道短期大学非常勤講

現在の層雲峡・黒岳ロープウェイ駅舎全景

師）であったという。

このように自然保護へ充分の配慮を施したことが功奏し、同社の事業計画は一九七〇（昭和四十五）年七月一日付官報一三〇五九号厚生省告示第二二九号で、決定公示された。その内容は①スキー場事業（上川郡上川町黒岳）、②索道事業（起点黒岳五合目、終点黒岳七合目）となっている。

以上のような経過をたどり同社はすぐに工事を開始、同年十二月、ようやく悲願の黒岳リフト運転をスタートさせた。

なお、その後の一九九一（平成三）年には、リフトの架け替え工事が行われている。その際も、環境庁と林野庁の許可が必要になったそうだ。りんゆう観光は、周辺環境への配慮を中心とした全体工事計画に基づく書類を作成、工事許可を申請し、それが許可された。ちなみに工事は同年三月に着手し、六月完成。七月から営業を開始し、現在に至っている。

◆高い評価受ける各種自然関連事業

地域に密着した順調な経営を続ける同社は一九八二（昭和五十七）年、先代の逝去を受け、現社長の植田英隆氏が就任する。英隆氏は新しい経営感覚を次々と取り入れ、将来的な経営の柱として自然に親しむツアーを組み込んだ観光業を打ち立てることになる。

また、一九八四（昭和五十九）年には、大雪山にちなんだ自然や文化、伝統、風俗などを後世へ伝えようと、隔月刊の小冊子「カムイミンタラ」を創刊した。同誌は現在百十五号を超え、読者は登山家をはじめ自然を愛する人たちを中心とする三千名に及び、高い評価を得ている。

一九九〇（平成二）年からは、道内旅行業者としては先駆的な海外の山ツアーを主催者としてスタートさせた。同年八月のカナディアンロッキー八日間の旅である。

前年十一月に一般旅行業一種の資格を取得、運輸大臣登録となったのを機に、こうして新しい自然観光への活路をも探り始めたのである。道内におけるトレッキングツアーとしては草分けと言える。

さらに道が二〇〇〇（平成十二）年から制度化したアウトドアガイドでは、積極的に社員らを研修会に参加させ、既に役員をはじめとする同社所属の四人が資格を取得している（山岳三人、自然一人）。これらの点では「道内の業者では一番力を注いでいる」との評価がもっぱらである。

私は先代社長の頃から同社やその事業についての知識があった。同社は自社の利益ばかりを追いかけるところでは決してなく、地域を中心として広く社会に貢献することを常に志向している企業であるという意味でだ。それだけに今回の公開要望書の一件でも〈余程腹に据えかねることがあるのだろう〉との心証を持たざるを得なかった。

りんゆう観光の植田社長はその件に関し、

「長い間私が環境省に対して質問し続けてきたことに誠意ある回答が何もありません。今回の公開要望書は、これからも私は今まで通り言い続けますよ、との意思表示です」

と話す。

では、次に要望書問題の核となっている「プラン65」について、具体的に検証してみよう。

第二章

再整備された層雲峡と活性化

「プラン65」再整備計画とは

◆構想づくり

上川町にとり層雲峡観光の占める割合は極めて大きい。なかでも一九五六（昭和三十一）年から始まった「峡谷火まつり」、一九七六（昭和五十一）年から始まった「氷瀑まつり」は従来からの温泉客・登山客が主だった観光の幅を拡大し、入り込み客数を増大させた。もともと林業が基幹産業だった上川町も一九六二（昭和三十七）年ころから酪農を振興、肉牛のアンガス牛を銘柄牛「大雪高原牛」として質の良い牛づくりが盛んになってきている。これと観光は同町にとっては両輪的役割を持っている。

層雲峡温泉街は大正時代に開かれた古い温泉街である。宿泊収容能力は一日七千人。商店街から離れた高台と国道沿いにある七軒の大手ホテルがその中核施設であるが、商店街にも小規模の宿泊施設がある。

一九五七（昭和三十二）年に公園計画による「集団施設地区」の指定があり、周辺に散在していた施設を集約して商店街を形成したが、四十年の歳月で殆どの施設は老朽化、一部は後継者難や経営展望に失望して廃業し、廃屋化した状況になっていた。このため老朽化し、廃屋が放置された層雲峡商店街の状態は、観光地としての魅力を低下させるなど看過できないとして、一九八〇年代になり徐々に関係者らから再開発の声がささやかれ始めた。そして一九八六（昭和六十一）年頃、ようやく環境庁（当時）サイドから町（河本芳實町長時代）や地元関係者等に働きかけがあり、活性化のための「プラン65」の構想づくりが始まった。

◆モデルは「雲仙プラン50」とはいうが

だが、民間の権利関係の調整や事業手法の選択、将来的に発展展望を持った観光地づくりの地元コンセンサスづくりなど合意を得るには、時間のかかるハードルがいくつもあったのである。

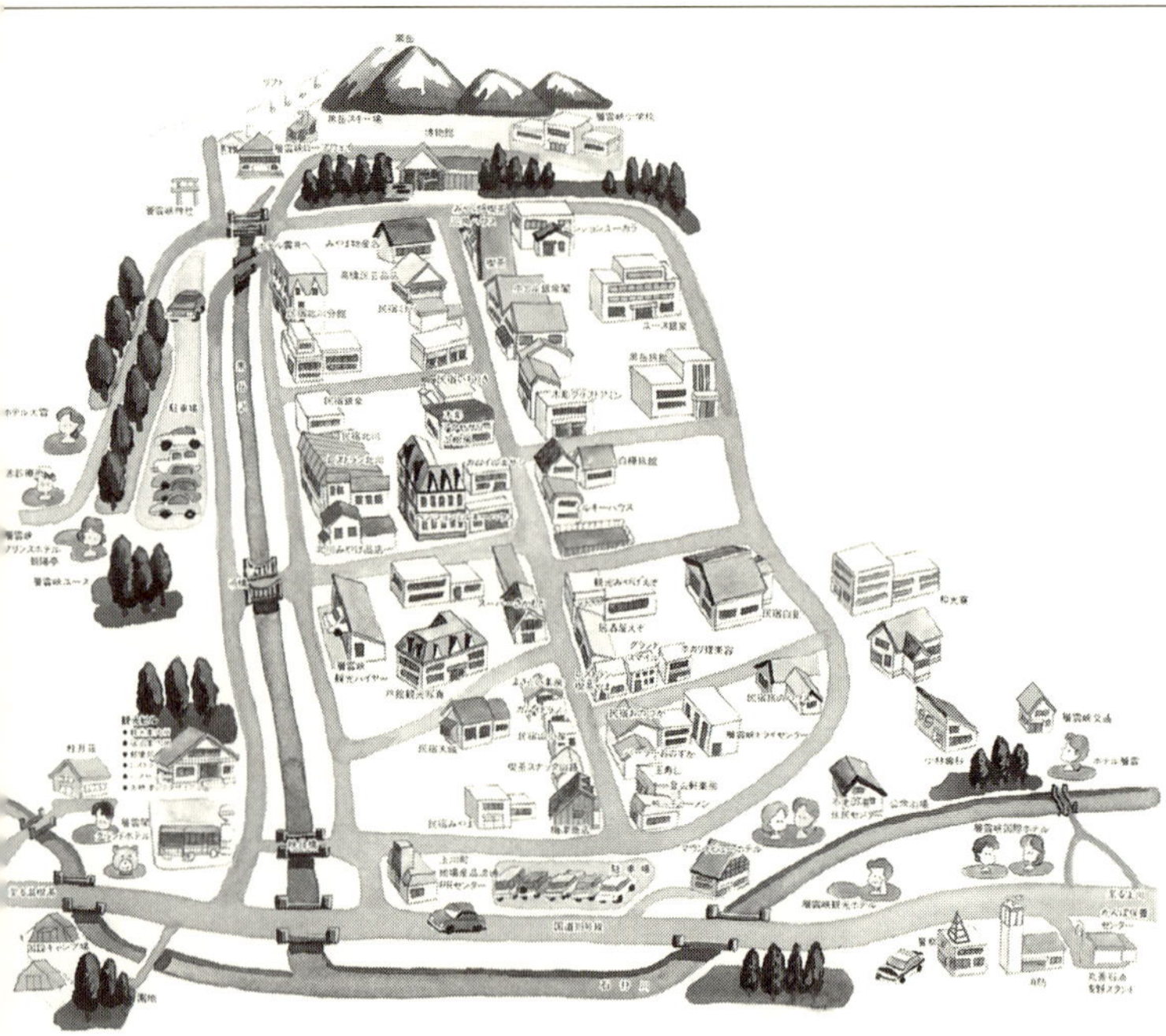

▲1994（平成６）年版パンフレット（「プラン65」以前）

層雲峡観光協会パンフレットの街並イラストによる Before／After

▼ 2000(平成 12)年版パンフレット（「プラン 65」以後）

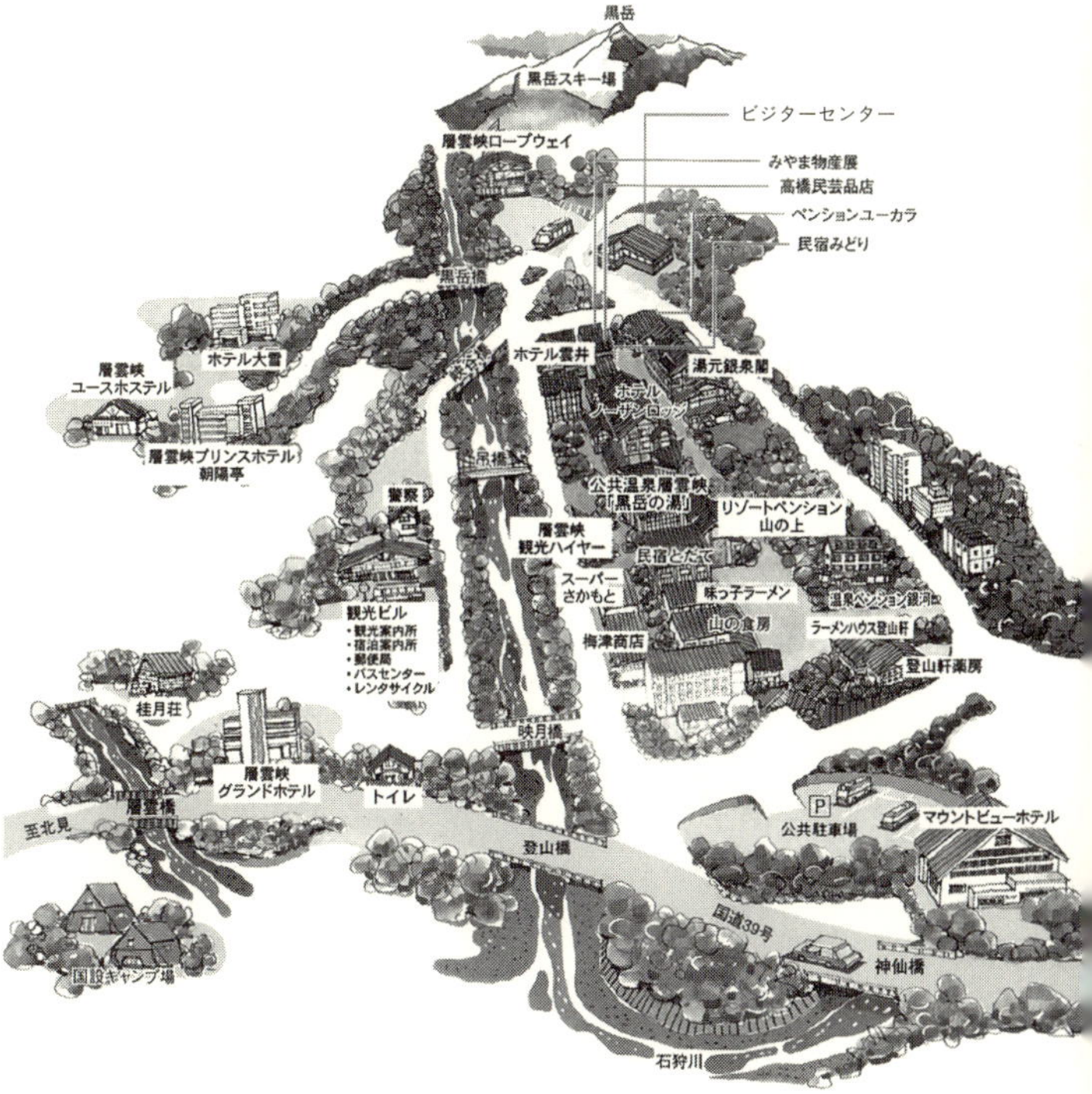

モデルとなったのは「雲仙プラン50」であるとされ、約十年の歳月をかけて「プラン65」はまとめられた。老朽化した建物などを全面的に撤去し、新たな街づくりをするため「移転補償」をして建物を新築する。資金が足りない場合には制度融資を利用する方法で話は進められた――とされるが、その調整には苦労があったようだ。

この計画に際して設置された景観運営委員会（環境アドバイザー）の一人である東村有三氏は、

「このままでは、生き残れないとの地元の声が強くあったが、地元、町、そして環境庁（当時）が一緒になって進めたこのプランは大きな意味があると思います。ただ新築にあたり、あまり投資の大きいものは勧められないと考え、調整やアドバイスをしました。その結果、高齢化で後継者もないなどの理由で廃業に至った所は四軒あり、他は移転補償でできる人、億近い融資を受けた人など様々でした」

と、当時のことを話していた。億単位の融資を受けたのは二軒で、あとはせいぜい二千～四千万円、総額で約六億円（全体で約十三億円）程度だった。

しかし、実際には一部派手な店の看板を掲げたりする行為や、商店街としての意見の不統一ともとられかねない現象も見られる。

土地は国有地で国立公園内のため環境庁から使用許可を得ており、民間施設建設は第三セクターの層雲峡開発が「優良建築物等整備事業」[*1]として進めた。

着工は一九九七（平成九）年で、その二年後に竣工となり、商店街区の街並みはすっきりと整理され、山岳の景観ともマッチし美しいものとなった。着工前に三十余軒ほどあった商店街は竣工後には十七軒と縮小された。建物の色調もイメージを統一し整えられた。ハード面はできあがったわけである。

＊１：優良建築物等整備事業

土地の高度利用、市街地環境の整備改善に資する良好な建築物の整備と良好な市街地住宅の供給促進を図ることを目的とした事業で、基礎的な要件や国などの補助対象が決められている。

通常は良好な住環境を維持するべく「建築協定」等が結ばれるが、層雲峡の場合は国立公園であり、その中の集団施設地区内にあることから、法令、公園計画によって建築物の形態、意匠、その他の規制が定められていることから、同協定を結ばなくと

建物の色調やイメージが統一された現在の層雲峡商店街

もよい特例とされる。

このため、設計にも景観価値を高めることが要請されていて、その地域の景観が地区の特性をうまく生かした明快なコンセプトによってコントロールされ、他の地区との差別化された個性として表現される。

層雲峡地区では、

①建物の向きの統一

②建物の分棟化と間口の統一

③屋根勾配の統一

④三層構成形成による立体デザインの統一

⑤壁面色彩のゆるやかな統一

⑥木質材料の使用と自由な色彩

⑦生活感のある立面デザイン

⑧観光総合コミュニティ施設のランドマーク化

などが特色づけられている。

「プラン65」を検証する

◆経営分析まで入れなかった「審査」

この再整備事業の特色としては、着工当時の岡本環境庁大雪山国立公園統括管理官の「層雲峡集団施設地区再整備事業」（「国立公園」No.五五五）によれば、

①集団施設地区内の市街地としてふさわしい機能・市街地景観を追求

②環境庁、町、民間が一体となっての取組み（公共施設整備は環境庁と町で役割分担）

③三十件近い民間建築物をほぼ同時に移転・再築し公共施設用地を確保

④ハードのみならず、景観アドバイザー制度や住民の景観自主協定などソフト対策を併行して推進

⑤民間の再整備に建設省補助事業を活用

とされている。

こうして七十億円以上をかけた事業は竣工したわけだが、⑤を活用した民間業者の中には既に経営がたちゆかなくなり、転業や閉鎖したものもあり、再整備後もバブルのあおりで期待した活性、集客効果がなかったと指摘もされている。

このあたり「赤信号皆で渡ればこわくない」的な地元反応の中で、民間業者自らの経営展望と実際の経営実態との分析、さらには環境省や地元自治体の指導や読みには甘さがなかったのか、と問うのは酷だろうか。環境庁（当時）関係者は、

「融資OKが出たら、それ以上経営の中まで入り込むわけにはいきません。書類審査でOKを出すしかなかった」

などと、弁明した。

前出の東村氏も、竣工し、営業開始直後に立ち行かなくなったペンション経営者については、経営内容を隠していて適切なアドバイスをする上で支障をきたしたことを認めている。この経営者が層雲峡商店街地区「プラン65」実行委員会（民間サイドの委員会、高田保委員長）の有力なリーダーの一人であったことも「甘い」判

事業の内容

自然環境に調和した日本を代表する山岳公園都市を目指す3本柱をもとに、地域に不足する資本整備を官・民がそれぞれ担い、街区における安全性を踏まえた上での生活環境の再生・向上と共に、北海道を代表する全国レベルでの「自然探勝」の拠点として、街区全体の活性化を図る。

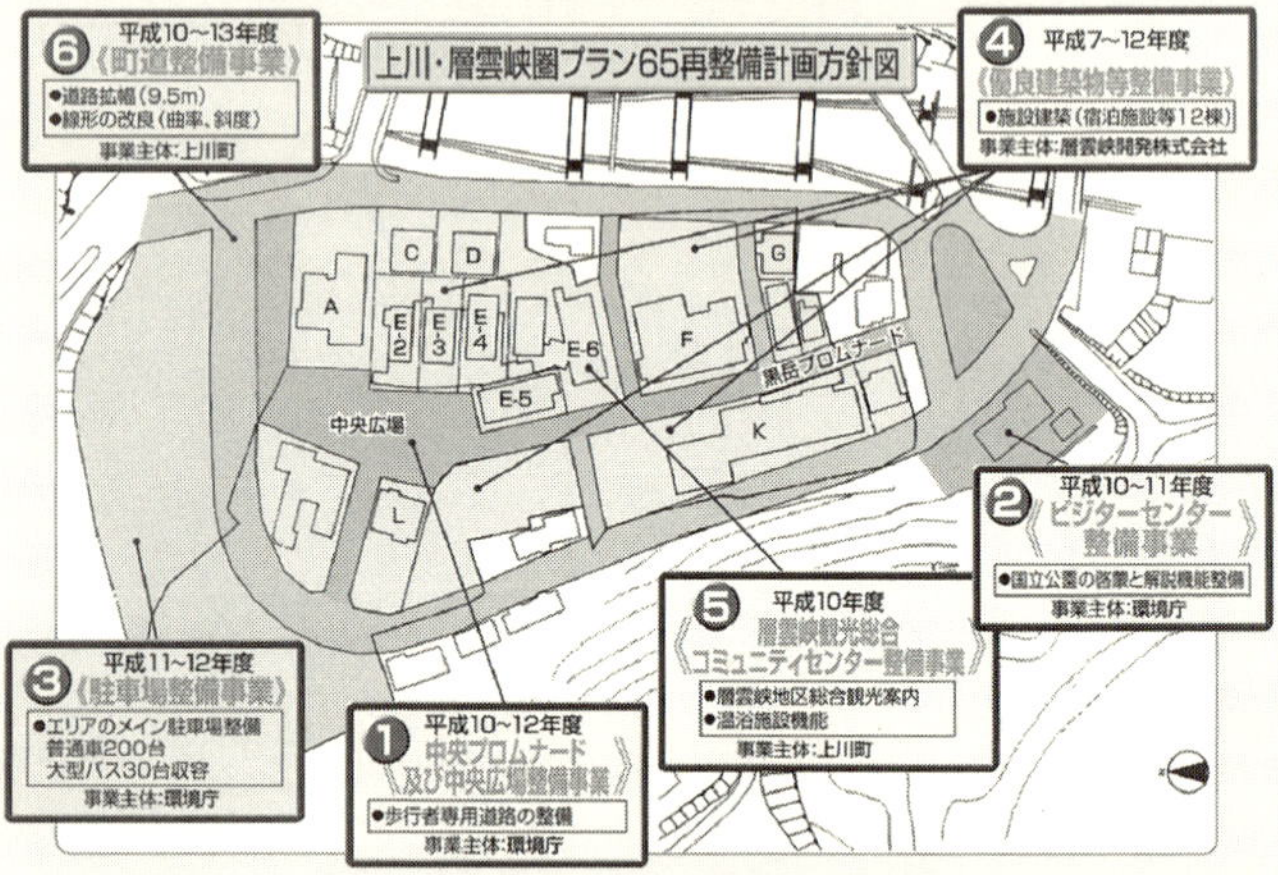

事業名	事業年度	事業主体	事業手法	概算事業費(単位:千円)
① 中央プロムナード及び中央広場整備事業	H10~H12	環境庁	自然公園等整備事業	360,000
② ビジターセンター整備事業	H10~H11	環境庁	自然公園等整備事業	600,000
③ 駐車場整備事業	H11~H12	環境庁	自然公園等整備事業	400,000
④ 民間施設再編成整備事業	H7~H12	層雲峡開発(株)	優良建築物整備事業	4,443,000
⑤ 層雲峡観光総合コミュニティセンター整備事業	H10	上川町		479,000
⑥ 道路整備事業	H10~H13	上川町	地方道改修事業	430,000
合計				6,712,000

「プラン65」再整備計画の事業内容（上川町発行パンフレットより）

断の一因となった可能性が濃い。

竣工後に破綻したこのペンションについては、その後、同事業を一括受注した間組が引き受けて改装した。そして二〇〇二（平成十四）年四月からは、間組（ハザマ）の子会社がホテルとして営業を始めている。廃屋になる危機を一応しのいだことにはなるが、いずれにせよ後味の悪い感じではある。

◆様々な事業を一気に進める

集団施設地区再整備の中で核となる中央整備計画区はホテル、ペンションを含めた「地元」意識の強いところで、少し離れた大手ホテル群とは区別される地区である。ロープウェイ駅舎、駐車場、学校、民生施設なども本来ここに入る。

ところが、このうち最も標高の高い所にある、今回問題となっているロープウェイ駅舎と「駐車場(空地)」は、同事業の網からは外され後回しにされた。この点は、モデルにされたと言われる街区全体を対象とした「雲仙プラン50」と異なっている。通年の集客力を持ち、層雲峡地区の「核」の一つとなっているロープウェイとその駐車スペースが、なぜ一体化したものとしてプランされなかったのか、不思議である。

環境省自然保護局西北海道地区自然保護事務所（上原裕雄所長、以下西事務所と略す）の出江俊夫次長（当時）は、私の取材に応じ、

「ロープウェイさん側が、駐車場縮小問題に異を唱えたため、まず地元合意のできるところから始めました。再整備で建設省補助事業の融資を受ける点でロープウェイさんは融資の必要がなかったので事業の網から外しました」

と、答えてくれた。ちなみに出江次長は、「雲仙プラン50」の進められた時期、現地を担当していたご当人だそうだ。

推進派の層雲峡商店街業者らの中にも、「プラン65」に対し「異を唱えるロープウェイは外す」との暗黙の合意が、どうもあった気配だ。プランを進めようとする環境省サイドも、スムーズにことを進められる手法を選んだ、と思えてならない。それが以後、りんゆう観光と環境省との関係に「亀裂」を深めていくことになる。

同事業を支えるべく、後追いで上川町は地上権取得のために一億二千万円を町財政から支出している。だが、当初予想したほど存続事業者はなかったため、この巨費の支出について「受益者が少ない」などと批判の声も上がっている。巨費ゆえ、

その行方もなおさら疑惑のもたれぬようにすべきではなかろうか。

ところで、「プラン65」の事業着工前、この層雲峡地区には旅館・民宿が十六軒、食堂三軒、土産物屋三軒、従業員宿舎九軒、その他六軒があり、宿泊収容能力は合わせて九百九十一人であった。それが事業着工となり、環境庁(当時)の直轄事業、過疎対策事業、環境事業団事業、地方特定道路事業、地方道改修事業、緊急地方道整備事業などが同時に進められた。結果、前述のうちで存続したのは旅館・民宿が九軒、食堂二軒、土産物屋一軒、その他四軒である。宿泊収容能力は約七百人となった。公共施設としてはビジターセンター、野外ギャラリー、園地、立体駐車場、博物館、住民センター、シンボルプロムナード、広場などが一気に作られ、整備された(イラスト図・四八~四九頁参照)。

◆発想の転換、意識改革必要

新しい「ハコ」を作ったにもかかわらず、考えたようには層雲峡への観光客の入り込みは伸びていない。しかも観光客自体の購買力も落ちている。経済的な波及効果は、当初期待したようにはいっていない。こうした実情については、環境省の関係者の中にも「少しは責任を感じます」と話す人もいる。

前出の東村氏は、

「大手と同じ路線ではもうだめな時代です。うちでは何が提供できるのか、客が何を求めているのかを的確に把握して、できないものはできないと捨てる勇気が必要です」

と、これからの観光地での小規模事業者の経営について生き残り戦略見直しの必要性を示唆した。

㈱ジェイティービー北海道営業本部マネージャーの稲村秀人氏も当時私の取材に、

「最近は産業クラスターの発想でやらないと、なかなか地域の特色を打ち出せません。特に観光地の場合、地場の産品を各ホテルのメニューで工夫するとか、観光客と農家とが連携して乳搾り体験とか野菜の収穫体験をさせるとかして、相乗効果をあげられるような考え方が大切です」

と話した。

上川町で地場産品と言えば、山菜、きのこ、養殖ニジマス、ヤマベ（ヤマメ）、アンガス牛（大雪高原牛）、トウモロコシ、カボチャ、もち米（はくちょう米）などがある。仕入れコストの高いアンガス牛は現段階では無理でも、他の産品については各ホテルが協力して共同仕入れをすることで、地元の生産農家は喜ぶし、仕入れコストダウンにもなる。

大手ホテルは道内各地にチェーン展開しており、一括仕入れでコストダウンを図っている。そうした点では「層雲峡だけ特別に」というわけにはいかないかもしれない。だが、要はこうした共同意識でもって取り組まないと将来展望は見えてこない、ということなのだ。いつまでも「自分のところさえ生き残れば」の考えでは、層雲峡全体としての魅力は薄れ、集客力がますます減退していくばかりではないだろうか。これらの点については私見も含め、後述する。

◆要望書無視は役人の常とう手段

期待どおりにいっていないのは、商店街も同様だ。二〇〇一（平成十三）年八月十一日、層雲峡地区でも最も標高の低い商店街の入口に、大規模な立体駐車場（一般乗用車百五十台、大型バス二十台）が新設、供用開始された。そこに車を止め、登りのきついプロムナードを観光客に歩かせ、それが少しでも売店の購買力になれば、との目論みだが、現実は構想どおりにいっていない。

現状を言えば、繁忙期は層雲峡入口付近から立体駐車場に至るまでの間に誘導員が配置される。そしてホテルなどへ向かう特定のものを除き、車は新設された立体駐車場へと誘導されるシステムだ。だが、その誘導にある程度の強制力はあっても、従わないドライバーも多い。

一方、問題となっているロープウェイ横の空地（駐車スペース）は、りんゆう観光と環境省との関係が膠着状態のまま、現在でも以前同様に使用されている。つまり繁忙期でもロープウェイ利用客は、まず駅舎横の空地（駐車スペース）に向かう。ここが満車になった時点で、りんゆう観光関係者が立体駐車場へと誘導する。

さらに、誘導員のいない通常期は当然ながら立体駐車場の利用は極めて少ない。最上部のロープウェイ前や横の空地駐車場、その近くの商店街駐車場、それらがあふれたら路上に駐車しているのが実態である。

「プラン65」事業の開始に当たり、環境庁は「下に大規模な立体駐車場を作るのだから上は縮小する」との方針で臨んだ。だが、既に述べたように、これにロープウェイ側である〝りんゆう観光〟が反発、異を唱えた。「従来どおり使わせてほしい」との要望を、同社は一九九六（平成八）年に文書で環境庁サイドに申し入れ、その許可を求めた。

以後も機会あるたびに、りんゆう観光は同様の文書を出しているのだが、再三にわたる同社からの要望書提出に対し、同庁（省）からの「返事」の文書はいっさいなかったという。無視黙殺され、先のばしにされたようなのである。

こうした無視黙殺は、役所・役人たちが自己保身上よく使う手段の一つである。逆に官公庁によっては「文書」を逐一提出しないと返事をしないという部署もある。お役所の担当者ならば、内容に応じてその都度、責任ある役職者の回答を「文書」でそれぞれ示すべきである。例え「現時点では〜の理由から希望には沿えません」でもまだよい。それすらしない役所・役人なら、怠慢のそしりを免れないと断じても、過言ではなかろう。

冒頭で述べたように、この層雲峡ロープウェイ横駐車場問題は、抜き差しならない事態にまで発展していた。

観光地の活性化は、こと北海道では特に緊急を要する課題である。だが、それも個々人の力、考えではどうしようもない時代にきていることも認識する必要がある。少なくとも層雲峡地区で生計を立てている人たちならば、その全員で「明日」を考え、知恵を絞らないと長いトンネルの出口など捜し当てられるはずもない。だが、実際は地盤沈下の状況に立ち至っているのが現実である。

以下、ロープウェイ駐車場問題の経緯を少しくわしく見ていき、問題点を探ってみることにしたい。

第三章

層雲峡と「駐車場」問題

なぜ、りんゆう観光は「排除」されるのか

◆再開発事業から枠外扱い

りんゆう観光側が「プラン65」事業について初めて説明を受けたのは、一九九六(平成八)年九月十三日のことだった。当時の上川町まちづくり推進室の岩崎室長と泉次長、環境庁大雪山国立公園統括管理官の岡本氏が、ロープウェイ事務所を訪れた時のことである。

同社の植田英隆社長によれば、説明された内容は「りんゆう観光抜きでまとめられたもので、実質的に〝排除〟的扱いを受けていた」というのである。同社以外では、「プラン65」で従来の建物を新築、増築するのに際し、融資を受けるなど新たな借金をする必要がない、として枠外にしてもらったホテルもある。当時の状況から

考えると「借金してでも新しい町並みづくりをして、地域全体を活性化しなければとても将来に不安が残る」と考えた人たちが大半であったろう。プランづくりのメンバーの中には、りんゆう観光のほかに大手ホテルなど温泉旅館組合も名前だけは連ねているが、実際上は「当社抜きで進められた」と植田社長は語る。

◆統括管理官宛ての要望書

「プラン65」事業の説明を受け、りんゆう観光は直ちに社内の意見をまとめた。そして同年十月二十一日には、環境庁大雪山国立公園上川管理官管理事務所（二〇〇〇年度から同上川自然保護官事務所に名称変更）の岡本統括管理官宛てに要望書（後掲資料）を提出した。

同社にとって駐車場の縮小は、一般観光客、登山客、冬場のスキー客、とりわけ高齢者に不便をもたらすことが明白である。それは、結果的に利用者減を招くことにもなる。植田社長は、

「まさしく当社にとっては死活問題です。このようなことが、国のやることとして許されてよいわけがありません。当社としては、上川町の要請によりロープウェイ

を建設し、今日までの営業を通じて、それが町や地元への貢献につながってきたことを自負しています。そうしたことも念頭に置かず一方的に縮小というのは、全く論外と言うほかありません」

と、当時私の取材に対し話した。

要望書ではまず、「プラン65」策定に際し、りんゆう観光自身も関わっているかのごとく表現されたことを指摘。以後は、充分に同社の意見を汲み上げてもらいたい旨の希望を伝えている。さらに、同社に直接的な影響のある駐車場空地の用途変更について「利用使用状況をまったく度外視したもの」と指摘し、再考を促している。その上で、一九八三（昭和五十八）年の黒岳沢川防災計画構想（黒岳沢川流路切り替え工事では、りんゆう観光は従業員宿舎の移転などで協力している）終了以来、五年以上かけて当時の環境庁などへ要請要望を続けてきたことを力説。だが、それも全くなしのつぶてのまま、協議の申し入れをも無視して「プラン65」を作りあげた行政への不信感を表明した。

さらに、同プランが一部市街地（商店街区）のみに焦点を当てていることに対しても、層雲峡全体の施設との関係で観光客の動きをいかにとらえるか（これでは「雲仙プラン50」を正確な意味でモデルにしたとは言えない）の視点が欠如していることも指摘している。だが、この要望書への環境庁の「回答」は一切無視の態度だった、と植田社長は語った。

りんゆう観光側の要望書も含めたそうした姿勢に対し、西事務所の出江俊夫次長（当時）は「そんなことはありません。地元合意の得られたところから進めただけです」と言う。概ね以上の経緯があり、駐車場空地問題が先送りされ、双方の不信感が膨脹、同社の今回の「大臣要望書」発送となったわけだ。

だが、このことに関して私が西事務所に尋ねても、

「空地は、りんゆうさんにだけ貸したものではありません。ですから、以前同様に使用させてほしい、との要望書を出されても返事のしようがありません。あくまでも地元全体の希望を聞いて、「プラン65」完成後の利用の仕方としてはどうしたらよいかを検討していく予定です。りんゆうさんには、何回も口頭で対案を出してくださいと伝えてあります」

と述べるにとどまった。

役所・役人側の誠意のない対応に憤りを抑えきれないりんゆう観光、そして言質

を取られないよう文書回答をしない、する筋合いではない、とする環境省との考え方は、このままではどこまでも平行線のままではないか。

◆旭岳ロープウェイ駅舎には広い駐車場がある

層雲峡温泉街の入口からロープウェイ駅舎までの標高差はかなりある。りんゆう観光では、この問題が持ち上がってから下から駅舎までの標高差を、測量会社に実地測量してもらっている。それは、ビルに換算すれば九階（約二八メートル）分に相当する高さだ。入口の立体駐車場から駅舎まで、それほどの標高差のある約三二メートル（直線距離で最も短い中央プロムナードを通る場合）を、スキー靴などを履いて上るのは確かに酷である。高齢化社会になっている最近では観光客に上り道を歩かせること自体、観光地としてのホスピタリティが疑問視される。

一方、旧商店街と新しい商店街で駐車場スペースを比較すると、商店街中央には新しく三十台近くが駐車できるスペースが確保されている。また、ホテルやペンションなどにも駐車スペースが新設されている。それらを増やしているにもかかわらず、従来からの最も利便性の高いと思われる駐車スペースを閉鎖・縮小するというのは、

新装なった層雲峡温泉街・商店街の全景（2000 年 5 月）

環境省の判断に「偏重」（えこひいき）を感じざるを得ない。「りんゆう観光にとって駐車場の有無は営業上死活問題になる」ことも容易に察せられることだ。

そんな中、二〇〇二（平成十四）年十月、この問題に新たな動きが出た。同月二十二日、環境省側からりんゆう観光側へ「冬場と夏のお盆時期、秋の最盛期以外については使用を考えておらず、それ以外の時期は閉鎖する」方針である旨が説明された、というのである。その真偽を確かめるため、私も同年十一月半ば、現地で上川自然保護官事務所の柴田泰邦レンジャー（二〇〇二年四月から着任）に会い、直接尋ねてみた。柴田氏の回答は次のようなものだった。

「下に公共駐車場を整備したので混雑時は別として、それで充分である。ロープウェイは商店街と違って、公共性があるので付帯的なものとしての駐車場は認められない」

公共性があればあるほど、観光地としては逆により利用しやすい整備を行うべきであろう。ロープウェイとその隣のビジターセンターを利用しやすくするためにも、通年レベルでの駐車スペースを閉鎖することは時代逆行ではないのか、と私は思うのだが。

再度、西事務所の出江次長（当時）に確認したところ、

「りんゆうさんの言うような、これまでどおりに使わせてほしい、ということにはなりません。全体計画の中での整備ということなので、地元としての案を出してもらった上で決定していきたいと考えています。基本的には、以前あったような緑地を復元したいとのことですが、ピーク時とか冬場の対応、バリアフリーや高齢者対応など、臨機応変に利用可能な状態にしていくことも考えています。観光協会さんにもこちらの考え方はご説明してきており、理解いただいているものと受け止めています。駐車場は、単にないよりはあった方がよいというものではなく、全体のマチづくりの中で考えていくべきものだと思います。りんゆうさんには、以前から対案を出して欲しいとお話はしています。それに対しては従前どおりに使わせてというだけなので、話し合いにはなっておりません。これまでの大きな流れを基本とした上で、今後も地元関係者の意見を聞く機会を設ける予定です」

と、コメントした。また「これまで私どもは、何度となくりんゆうさんへ対案を出してください、と口頭でお伝えしています」とも改めて付け加えた。どうして「口頭」なのか、私には判然としない。少なくとも文書にしていいのではないか、と思

うのだが。

ちなみに、大雪山国立公園の南側、東川町旭岳のロープウェイの場合、駅舎の前に二百台以上も駐車できるほとんど標高差のないスペースが用意されている。すぐ近くにビジターセンターもあり、利用客にとっては大変喜ばれている。ここではホテルが道なりに建てられていて、層雲峡のような集約された形の商店街はない。また、それぞれのホテルには個別の駐車場が完備されている。層雲峡の場合と異なるのは、旭岳ロープウェイ駐車場は土地が道有地であることとくらいだ。国も道も、この国立公園を北海道の代表的な観光資源の一つと考えているのは同じはずだ。もちろん、その魅力的な自然を壊さない範囲で、という条件付きで。

いずれにせよ、層雲峡と旭岳とで、方針やホスピタリティがこれほど極端に違っていること自体、実に奇妙なことである。

◆層雲峡・黒岳ロープウェイ建設の経緯

では、ここで、層雲峡・黒岳ロープウェイ建設の経緯について、少し言及しておこう。そもそも上川町の層雲峡地区にロープウェイを建設するというのは、大雪山の観光資源を町の発展に生かそうとする発想によるもの。だが、町単独ではとても計画できないのが当時の偽らざる実情であった。それを民間活力に頼ったわけである。換言すれば、これまでの町の発展に、りんゆう観光は極めて大きな貢献をしてきている。

ロープウェイは正しくは「層雲峡・黒岳ロープウェイ」と言うが、一般には「黒岳ロープウェイ」と呼称もされて親しまれている。一年を通して登山客、スキー客、温泉観光客らが立ち寄る上川町最大の人気スポットである。開業は一九六七（昭和四十二）年。『上川町史』には「上川町の待望久しかった黒岳ロープウェイが開通した」と記述されている。

開通式には、高松宮殿下の名代まで来ている。それ以前からロープウェイ建設計画が持ち上がっていたが、巨費が必要なために頓挫していた。それを林友観光（りんゆう観光の前身）が建設に意欲を見せ、上川町も歓迎して計画が進められたという経緯がある。

開業前後には、自然破壊を危惧する声が一部に上がったのも事実。だが、きちんとした審査手続きを経て着工され、竣工した。その三年後には、ロープウェイ終点の五合目から七合目に至る黒岳リフトが竣工された。これにより、女性や子どもたちでも容易に大雪山登山が楽しめるようになり、層雲峡は夏冬通しての観光地となった。

ロープウェイは四線交送式、延長一六四八メートル、平均傾斜勾配二一度。搬機は箱型で百一人乗りが二台で輸送能力は一時間当たり千二百人。一方、リフトは固定循環式、延長一一〇〇メートル、平均傾斜勾配一二度。輸送能力は一時間当たり夏で四百五十人、冬は六百人となっている。

ロープウェイの利用状況は、ピーク時の一九九〇（平成二）年で年間延べ六十五万三千三百十六人、リフトもピークは同年で年間同三十九万九千十九人。二〇〇一（平成十三）年はロープウェイで延べ四十万二千九百六十九人、リフトは同二十一万六千三百八十二人となっている。

上川町層雲峡地区レベルでの観光客の入り込み数も、ピークは一九九〇（平成二）年で三百十一万人、宿泊者数は同百十三万人。これらをピーク時で比較すると、入り込み観光客の約五分の一、宿泊観光客の約二分の一はロープウェイを利用していることが窺える。

◆黒岳沢川防災工事に協力

現在層雲峡商店街の脇を流れる黒岳沢川は、以前は上流からの土砂、瓦礫などの流失により荒廃した渓流で、台風や大雨などによって土石流が発生する危険な河川であった。一九七五（昭和五十）年八月には土石流によりホテルの一部が崩壊し、六人もの犠牲者を出した。また、その五年後には土石流で大量の土砂が堆積し、河道の流下能力を低下させ、橋桁に土石流がつかえる事態にまでなった。

このため北海道開発庁（当時）では、同川の防災工事計画を立てて実施した。工事の大要は上流部に頑丈な砂防堰堤を建設した。堰の高さは二二メートル、長さは一三六メートルと長い。堰は土砂を貯留し、土石流の勢いを弱めるためのものだ。さらに流路工は河道を固定し、流出した土砂が安全に流れるようにコントロールするもので、温泉街を貫流する部分全体(五〇〇メートル)を工事した。幅は二〇メートルである。工事区間は、ロープウェイ駅舎の上流部から国道までの間であった。

この防災工事でロープウェイ側は、堰堤工事のさしさわりとなる従業員宿舎を取り壊して、環境庁から借地許可の出た商店街内へと移転した。

実はその移転先の確定以前に、りんゆう観光は、同工事によって従来ロープウェ

黒岳沢川の防災工事（1988 年 7 月）

再整備された層雲峡温泉・商店街のそばを流れる現在の黒岳沢川

イが営林署から借用していた駐車場用地が削減されることでの代替策、ロープウェイ駅舎園地が削減されることでの同様策などに対し、一九八七（昭和六十二）年五月二十六日付で要望文書を提出していた。それは、当時の阿寒国立公園管理事務所まで出向いて届けた成田研一所長宛てのもの（後掲資料①、一八六〜一八八頁）で、浅野能昭主査に手渡したと言う。

その後の関係者の協議には、当時の北海道開発庁、上川支庁、林野庁、環境庁、上川町の担当者らも加わっており、工事後の駐車場代替地の使用などに関する合意が成立。開発局、環境庁、上川町、りんゆう観光の四者間で書面を取り交わす準備が進められた。ところが、肝心の契約段階で環境庁が抜けたのである。そのため、環境庁を除く三者間での契約となった経緯がある、というのだ。りんゆう観光の植田社長は当時を振り返り、

「もとは川だったところで、流路切り換えにより新たに発生した空地を、みんなで使える駐車場として使用させてもらうとの件で協議をしていこうとする旨の同意があったことは、環境庁側も充分に承知しているはずです。それにもかかわらず「プラン65」では、当初全廃の方針を出してきたのです。一方、それまでは認めていな

かったホテルの一部には駐車場用地を認めるという実にチグハグなやり方をしています。これでは、公平公正であるべき行政の姿勢として大いに問題があります」

と、話した。

北海道開発庁に対し、後から設けられた当時の環境庁としては、あまりくちばしを挟めるものではなかったのかもしれない。省庁間の力関係ということになろうか。そうだとしたらなおさら、りんゆう観光への現在の環境省の態度は、あまりにも身勝手と言うほかないのだが……。

大雪山を抱える観光地として

◆ロープウェイと環境保護

黒岳を中心とした大雪山の美しさを誰にでも気軽に鑑賞してもらい、満足感を得てもらうために、層雲峡のロープウェイはなくてはならない存在である。また、観光地である層雲峡地区において、その中核施設であることも異論のないところだろう。満足感が高ければ高いほど、リピート客の誘致には有利なのだから。

このように、上川町全体でとらえても、層雲峡地区においてロープウェイやリフトの果たしてきた役割が極めて大きいことは明白である。

ただ、ロープウェイやリフトができたことは、不心得者には、貴重な高山植物などの盗掘のチャンスを容易にしたことになり、実際被害が増えたのも事実だ。その

黒岳ルートで頂上を目指す登山客たち(上:1999年 9 月、下:2001年 7 月)

反面、「自然保護の面からいえば、黒岳の登り口など、しぜんにできた道が縦横にあって高山植物を傷めることも多かったのですが、ロープウェイがついたことで他の道に入らなくなったという良い面がありますね」(上川町自然科学研究会の中條良作さん）との声もある（「カムイミンタラ」一九九五年七月号）。

むしろ登山道に雨が走り、雨裂ができ土砂が崩れて自然破壊を引きおこしていくことの方を問題視するムキも多い。貴重な自然の残る地域ではどこでもそうだが開発行為の後の監視・手入れなどが重要といえる。

◆高齢化社会における利用者の便を考えて

既に述べてきたようにロープウェイ横の駐車場（同時に層雲峡ビジターセンターの駐車場でもあるし、近くのホテルの駐車場としても共用されている）は、同地を訪れる観光客や登山客らにとって必要不可欠のものであることが明らかだ。

二〇〇一（平成十三）年六月、私はハワイ島で火山を見学した。その際、そこのビジターセンターが大変整備されており、豊富な資料が展示されていることに驚かされた経験がある。とても広く出入りしやすい駐車場はもちろん、水洗トイレ、ゴミの収集カ所の案内板設置など標識もいたるところにあり、訪れる人たちが不自由なく見学・利用できるような配慮が行き届いていた。こうした施設を建設する側の、ホスピタリティとポリシーを強く感じ取れたのである。

そうした経験に照らすと、どうも層雲峡での今回の「騒動」は、環境省側のホスピタリティもポリシーもどこか妙な印象を拭いきれない。もっと大局的な見地に立ち、「高齢化社会の進む中で、どうしたらより多くのひとたちが不便なく快適に利用できるのか」を冷静に考えてもらいたいと思うのだ。

また最近は、不要な公共事業にはお金を投入しないという良い流れがあちこちにできつつある。そんな中で、そのまま使用すれば何不自由なく使える駐車スペースに、あえてお金をかけ、芝生を植え、整備して囲いなどを付けるのは無駄な事業というべきものではないのか。

むしろ、デフレ不況の中で道内観光地が総じて苦戦を強いられている昨今、層雲峡観光の中核施設であるロープウェイである。その生命線とされる駐車スペースの存続は、層雲峡はもとより上川町にとって不可欠と思える。このままでいけば、観光客にとっての層雲峡の魅力は確実に低下、ないしは半減する可能性は大きい。

私は当時の取材で、この地を訪れる多くの登山客やスキー客、そして観光客たちの声を拾い集めてみた。すると「大雪山国立公園の自然を保護しながら、多くの人たちがその自然と共生し、豊かな暮らしを享受できる環境づくりの一つとしての役割をここに望みたい」とする声が多かった。

◆入り込み客見積りでも考え方に差

今や「心の豊かさ」が求められる時代。北海道に暮らす私たちにとって、自然の果たす役割は今後ますます大きくなると考えられる。箱ものの娯楽施設などは、これまでに造られたものだけで充分過ぎるほどだ。換言すれば、これからはハードよりもソフトの充実が必要とされるわけだ。

もちろん、そうした時の流れを前提にしなくとも、大雪山など北海道の貴重な自然が果たす役割は今後さらに重要となる。しかし、同時に考えなければいけないのが地域の活性化という問題である。貴重な自然であっても、ただ単に残し、護ることだけでは周辺地域の活性化は覚束ない、むしろそうした自然を上手に利用、活用し、そこで得られる財源を保護活動に投入していくという積極的な姿勢が必要なの

繁忙期の層雲峡温泉・商店街（上:1998 年 8 月、下:2002 年 9 月）

ではなかろうか。その形態は大量消費型観光とはならず、節約型ないしは手づくり型観光、あるいは体験型観光という形になっていくのではないか。これからの観光産業は、そうあるべきだ。

そうしたことを考慮しながら、今後の層雲峡地区における観光客の入り込みをどう見積るのか。このあたりでも当初の「プラン65」での見積りと、りんゆう観光側とのそれにはかなりの差があるようだ。そこで、りんゆう観光が当初から隣接駐車場スペースの縮小に疑問を呈した入り込み車の量的見積りについて少し考えてみることにする。

層雲峡のホテルなどの収容数は、ざっと七千人。夏場のピーク時には新設の立体駐車場であっても満杯になるのは目に見えている。りんゆう観光は、

「観光地はどこでも駐車場を増やすことに頭を悩ましている時であり、車を利用しての観光客は増加の一途をたどっています。ロープウェイ横の駐車場縮小が利便性を低下させ、やってくる観光客に不都合を生じさせることは明らかです。特に冬場、スキー客に下から駅舎までの急勾配の道を歩かせるのは酷というもの。お客から不満がでることは必至で、客足が落ち、当社は冬場の営業をやめざるを得ないことに

なる。このままでは、観光地としてのホスピタリティ自体を疑われてしまいます」と、あくまでも従来どおりの使用を「地元のコンセンサス」として求めていく姿勢だ。前述の旭岳ロープウェイですらも「最繁忙期には超満杯になるので、駐車場スペースはまだまだ欲しい」と話していた。

りんゆう観光の植田社長は重ねて言った。

「駐車場を閉鎖縮小することで、下に駐車して観光客に歩いて上がってこい、と言うのはサービスを旨とする観光地の考え方に反します」

これに対して西事務所では、

「下に充分なスペースのものを作ったわけですから、私どもとしてはそれで大丈夫と考えています。もちろん繁忙期で足りなくなる時については、特別にスペースを手当てして対応すればよいと思います。もちろん、身障者などバリアフリー対応なども考えていくつもりです。全てだめと言うのではなく、地元の人たちの意見を尊重した対応を考えるつもりです」

と、反論した。

層雲峡地区における黒岳へのロープウェイ建設は、繰り返し述べているように町

混雑時のロープウェイ駅舎前の駐車状況（1998 年 8 月）

混雑時の駅舎前（左）と駅舎横（右）の駐車状況（2002 年 6 月）

や地元観光協会などからの強い要請を受けてのものであった。さらに、りんゆう観光はこれまで、町への協力や多額の寄付を積み重ねてきている。そしてそのことを、町の関係者らは皆充分に知っているはずだ。だが、今回の駐車場問題について言えば、町の理事者らからのとりなしなど、これまでに一切ないようなのである。町として上級官庁（環境省）に楯突くことはやれない、などと言う人はいるのだが。

ところで、ロープウェイ駅舎の隣には公共施設のビジターセンターがある。館内には、層雲峡という峡谷のなりたちや現在の季節状況など様々な情報が展示され、無料で公開されている。訪れる観光客にとってここは、大雪山を中心とする様々な自然情報を収集する基地であり、子どもたちにとっては学習の場だ。こうした視点から考えても、ビジターセンター脇でもある駐車場の縮小や閉鎖という事態は、観光地としてのホスピタリティのあり方として大いに疑問が残る。

◆しっくりいっていない地元感情

りんゆう観光のこうした姿勢に対し、地元である層雲峡商店街内の同社への風当たりは意外に強い。

「観光バスはロープウェイ駅舎に客を降ろし、駅舎からの帰り客はすぐバスに乗せて行ってしまいます。こうした客は、商店街へ一向に金を落としてくれません」と、ある商店主は私に本音を吐露した。つまり、ロープウェイ横の駐車場は、りんゆう観光とせいぜいその近くの施設に利益をもたらすのみ、と言うわけだ。

確かに、観光バスを下で待たせるようにすれば、ロープウェイからの戻り客は自然と商店街の中を通るようになり、いくらかお金を落とすことにはなるだろう。だが、バスは下ではほとんど待たないのが実情だ。これには、バスの運行を決めている旅行業者の考えが濃く反映している。つまり周遊型観光では、時間を短縮して次々と観光地を走り回らねばならない。層雲峡入りし、宿泊する観光ツアー客の大半は、早朝にロープウェイを利用し、下りてきたらすぐにバスで次の観光地へ向かうという分刻みのスケジュールが実態のようである。これでは下で待ち時間を設定する余裕などない。現実的にはこうしたことが地元とロープウェイ側とのねじれた対立感情を作り出している。了見が狭いなどと、一概に批判できない地元の現実もある。

畠透さん（前層雲峡商店会会長）は、

「繁忙期になると、駅舎前から小学校への道にかけては路上駐車で埋まります。それは、ロープウェイ側が下の立体駐車場への誘導を適切にしていないからです」

と、当時私の取材にりんゆう観光を批判した。

これに対してロープウェイ側は「ちゃんとやっています」と反論したが、繁忙期だけに誘導の徹底は難しいのかもしれない。

ロープウェイ駅舎に近い位置にあるホテル雲井の経営者は、当時こう私に話してくれた。

「当初駐車場を縮小する計画が示された時から、私は空地駐車場を減らすのは困ると思いました。りんゆう観光さんのこれまでの交渉に対する環境省側の対応はいつも後回しで、煮えきらないものでした。今回の（大臣への公開要望書という）事態も理解できます」

再整備計画に関して言えば、ホテル雲井は改築などを事前に済ませていた。また、同ホテルを利用する客層やこれまでの経営実績を踏まえ、「最小限度の手を入れただけで融資は受けていません」と言うことで、再整備事業からは外れていた。

とは言え、地区全体の色調統一などには協力していた。

個別の意見の違いに加え「地元商店街内部にはもっと複雑な人脈的対立もある」

とする発言も私は耳にした。こうした事柄も、ロープウェイ駐車場問題に対する地元の意見・姿勢へ少なからず影響を与えているようだ。

地元のコンセンサスを得るという点では、空地利用についての合意形成まで、まだかなりの時間がかかりそうな気配ではある。

いずれにせよ、こうした懸案の問題が放置されたままでは、層雲峡観光の活性化に一丸となって取り組む上でのブレーキになることは間違いない。りんゆう観光単独でできることには限りがある。商店街の人々が「観光バスは下で充分な時間をとって客待ちできるようにしてほしい」と望むなら、りんゆう観光も含めた層雲峡地区の関係者全体が結束して旅行業者と交渉するなど、解決策を模索するべきではないのか。地元の人々は、狭い範囲での対立感情など解消し、明るい未来のための第一歩を踏み出す時期に来ていることを自覚すべきである。

◆シンポでも「魂はこれから入れる」

事業竣工後の二〇〇一（平成十三）年十月十八日、現地では「シンポジウム21世紀にはばたく層雲峡―防災・街並み景観に優れた街づくり」が町や層雲峡「プラン

65」実行委員会などの主催で開かれ、同事業の「成功」を讃えた。その報告書も発行されているが、世界各地を旅行した歌手・庄野真代を講師として招いたことやその報告書の作り（体裁全体）の豪華さからして、かなりお金をかけていることが推察できる。

パネルディスカッションは北海学園大学の上田陽三教授がコーディネーター。環境省の出江次長、道開発局の佐藤昌志旭川開発建設部次長、層雲峡ビジターセンターの保田センター長、層雲峡キャニオンモール商店会の畠会長、上川町の佐藤芳治助役がパネラーとして事業の経過と完成を称賛し、活性化へ取り組む今後に期待を表明している。

同シンポでは「官民が一体となって」とか「共有、共鳴、共働というステップを踏んで……」といった発言がしばしばなされているのだが、今回懸案として引きずってきている駐車場問題については一切触れられていない。ここでも無視黙殺されているのである。

上田教授は冒頭、

「……地域住民や団体、企業などの総意とエネルギーで具体化されているわけです。地域住民は自らの市街地・都市の状況を診断し、批判し、課題を自覚して、共有できる将来空間像を構想し、実現のためのルールと協力関係を築く、その主体が地域の住民なわけです」

と、述べている(傍点筆者)。どうもこの発言を聞いた限りでは、りんゆう観光のあげた要望の声(批判とまで言えるかどうか)は、論議から外されたところに置かれたままのようだ。

果たして「協力」「共有」などといった言葉の裏側には何があるのか、読者は容易に判断のつくところだろう。

また、パネラーの一人である旭川開発建設部の佐藤氏が、

「魂はこれから入れるということで、みなさんが一緒になっていろいろやっていくことは非常に重要だと思います」

と、述べている。このことは重くかみしめる必要があろう。「官の意見に背き、意に沿わない者は排除する」というやり方が様々な公共事業の根っこに存在することは、よく見られることだからである。

「私どものようなことが将来的にも起きないようにと考え、あえて私はこれまでの

経緯について公開したわけです。お役所には、充分そのあたりを考えてもらいたいと思います」

と、植田社長は強調した。果たして、どちらの真意が正しいのだろうか。

第四章
悩める道内観光と層雲峡地区の現状

苦悩する北海道観光産業の実情

◆バブル崩壊、今は昔の「物語」

バブル経済の崩壊後、道内観光地の開発を中心的に担っていた大手企業やディベロッパーなどは、過剰な先行投資のツケが回って一気に経営が悪化、経営破綻の事態を次々に招いている。実際、事業の縮小や撤退、施設の閉鎖を余儀なくされていく企業のニュースは、最近でも新聞紙上を賑わしている。

一時期、一躍脚光を浴びたトマム（占冠町）などは、その典型と言える。地域の住民たちに未来へ向けた大きな展望を語り、一時的にせよ大量の観光客をも誘致した。そのことはまた、古くから営業していた地元の小規模商店経営者たちにも夢と希望を持たせせた。彼ら小規模商店経営者たちは、新たな融資により老朽化した店舗の新築や増改築を進めていく。だが事態は急展開を見せる。彼らは、借金を返却するどころではなくなったのだ。その後、そうした店舗は次々に閉鎖されていった。現在、巨大な投資で建てられたホテルなど大規模施設は、他社の手で再建が模索されている。

株式会社たくぎん総合研究所が発行した『北海道の観光の研究』という、一冊の分厚い本がある。一九八八（昭和六十三）年の発行であるから、北海道観光を戦略的産業にしようとの機運が高まっていた時期だ。北海道庁も道内を六つの圏域と二十の観光ゾーンに分け、それぞれ地域特性を生かした観光振興を進めていこうとする指針を提示し、計画を具体化していった。例えば、層雲峡のある上川町は道北圏。その道北圏は、北部地域と南部地域とに分けられている。上川町の属する北部地域は「『日本のフィンランド』を目指し森、湖、空気を生かした体験型の観光地開発」を、南部地域は「高度情報システムを導入し、リゾート・オフィスの設置を促進する」ことが謳われている。そして、自然を保護する地域と活用する地域との区分を明確化していることが注目される。こうした状況を前出の『北海道の観光の研究』も踏まえていて、「序」の〈研究の目的と背景〉では、

「北海道内で進められているリゾート開発の実験は国内に大きな反響を呼び、『遠くて寒い北海道』が見直されようとしている。なかでも、昭和五十八年十二月にオープンしたアルファリゾート・トマムの大規模なリゾート都市づくりをめざして展開される投資と、昭和六十二年十二月にオープンした国内初のクラブメッド（地中海クラブ）・サホロの立地は、北海道の価値と可能性を多くの人々に再発見させる効果をもたらしている。現在観光・リゾート開発をめぐって自治体と民間の動きが活発になりブーム的様相さえ呈しているのは、さまざまな面で手づまりになっている産業振興に新たな局面を開かなければならない為政者の視点とすぐれた投資対象を見いだそうとする民間事業者の視点が、ビジネスの現場で結ばれる可能性をもつからである………」

と記している。

だが、クラブメッド・サホロは別としても、こうした問題提起などがその後のバブル崩壊によりほとんど全ての局面で崩れ、建設工事はストップし、企業体自体も倒産が相次いだ。まさに惨憺たる状態にあるというのが、今日の姿と言えよう。肝心のたくぎん自体が破綻し、たくぎん総合研究所も別会社に「売却」されているのだから。

その後の国内経済も低成長経済が続いていて、今もデフレスパイラル下にある。国民の消費性向にも大きな変化が起きた。巨費を投入してのリゾート開発は、右肩あがりの時代の遺物と言える。その反省を踏まえるなら、一地域に巨費を投入するような集中リゾート型からは脱却せねばなるまい。地域機能を分担し、観光地が相互に有機的に連携を持ち、的確に観光客ニーズに対応できる方策、そうした姿勢で臨まねば、観光地の活性化はなかなかおぼつかない。それが道内観光地の現状ではなかろうか。

◆お金をかけずに楽しく観光旅行

低金利政策下での国民の消費は伸び悩み続けている。財布のひもはしっかりと閉じられたまま。銀行などの預金にしても僅かの利息しかつかない時代である。現金化して自宅にタンス預金している人々も目立つ。耐久消費財の買い替えなども含めた消費は全般的に手控えられており、政府の思うように内需拡大は図られていない。旅行においても、こうした傾向は顕著に反映されている。観光地でも、旅行客はな

取材を始めた当時の北海道観光入り込み客数

（万人）

年　度	総　数	道北圏
1985（昭和 60）	9,351	1,195
1989（平成 元）	11,655	1,565
1998（平成 10）	14,393	2,132
1999（平成 11）	14,939	2,218
2000（平成 12）	13,665	2,178
2001（平成 13）	14,397	2,201

（北海道経済部調べ、延べ人数）

観光客入り込み状況

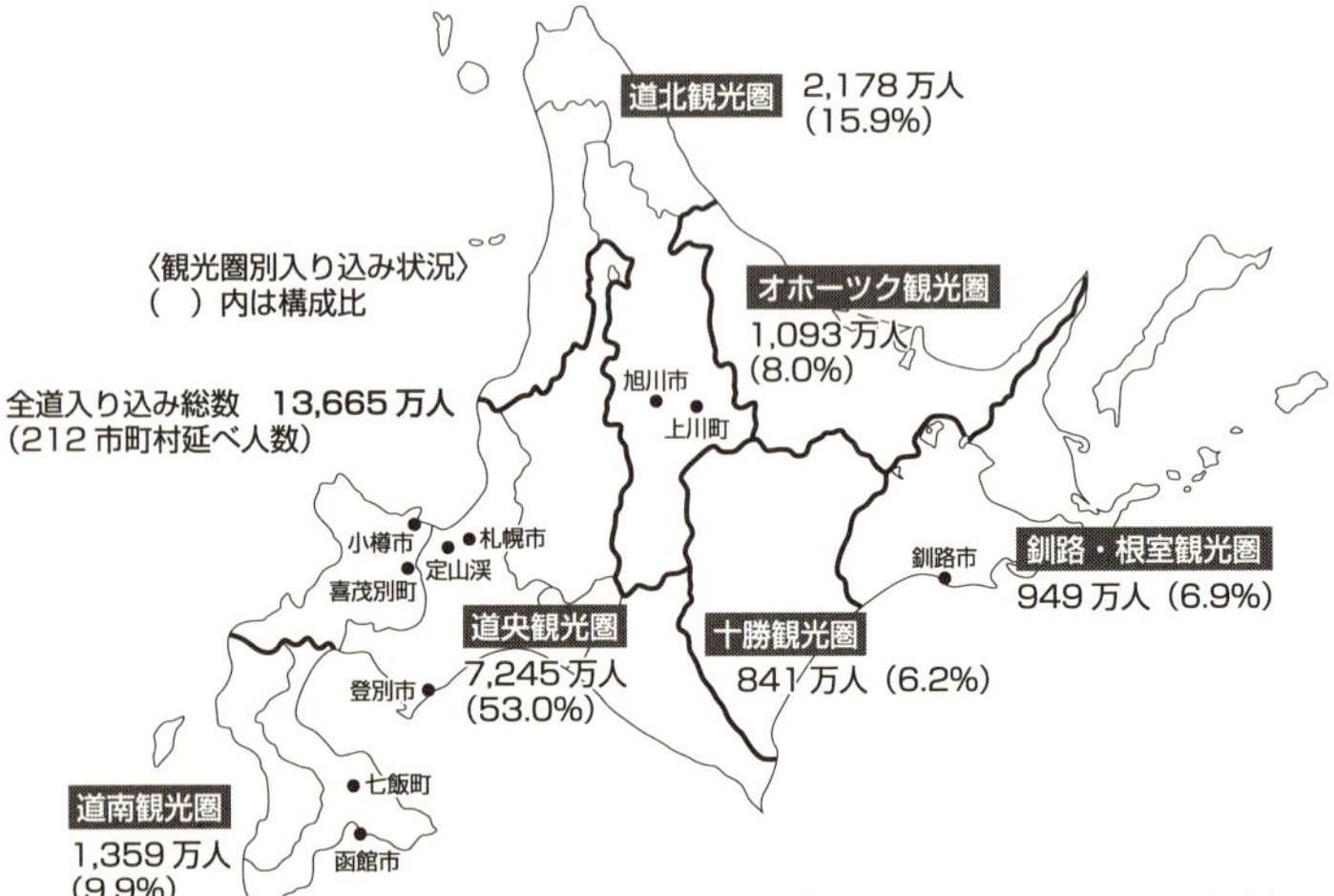

（北海道経済部調べ、2000 年度）

かなかお金を落とさなくなってきている。

ここで、二〇〇一（平成十三）年度の道内観光入り込み客（実数）を見てみよう。北海道経済部観光振興課のまとめた「北海道観光入り込み客数調査報告書」（平成十三年版）によると、道外客六百二十七万人（うち宿泊客が六百二十四万人）、道内客は四千四百十四万人（同九百十一万人）の合計五千四十一万人となっている。

道内二百十二市町村の入込客数を単純に加算した延べ人数では、全道の入り込み客数は一億四千三百九十七万人で、前年度に比べ五・四％（七百三十二万人）の増加となっている。延べ人数の道内外別では、道外客四千五百十四万人で前年度比九・四％（三百八十九万人）の増加、道内客は九千八百八十二万人で前年度比三・六％（三百四十三万人）の増加となっている。これらのうち宿泊客は二千九百九万人で、前年比四・九％（百三十七万人）の増加である。

これを見る限りでは、バブル崩壊、有珠山噴火などの影響がようやく薄らぎ、回復の兆しが少しは見え始めてきたと言えよう。

圏別に見ると、道央圏はまだ有珠山噴火前の水準までには回復していないものの、道北圏では利尻・礼文の入り込み増加などで回復、道南圏は有珠山噴火の影響を受けたものの国際チャーター便の増加が追い風となり噴火前の水準近くまで回復した。

また、オホーツク圏も花のイベントや流氷観光の入り込み増加でまずまずの回復基調であるし、釧路・根室圏もＳＬ運行、オホーツク圏とタイアップした流氷観光と国際チャーター便の増加で前年度を上回っている。

なお、十勝圏については、夏の天候不順がたたったことが大きく影響したようで、前年並みの横ばいとなった。

回復の兆しは見えたとはいえ、統計に現れた数字を見ても厳しさが分かる。後述するように国民の旅行や観光といった面での消費にもかなりの変化が見て取れる。

観光客が来ても、団体旅行ですら現地購買力が低下する一方、パーソナルな旅行でも低消費型が目立つのである。

◆産業クラスター的取り組みが必要

他方、食糧基地として新鮮なものが供給できる北海道内の観光地では、素材をそのまま提供するケースが多い。これを加工して付加価値をつけることも少なく、特産料理の説明もしないなど、ホスピタリティに欠ける場面の多いことも指摘されるところだ。

ニセコ積丹小樽国定公園域内のある海の町では、漁師の一本釣り料理を目玉にする民宿があるかと思うと、今獲れている新鮮な旬の魚介が食卓にのぼらない民宿もある。このように甲乙の差が大きいとか、美味しいものはどこで食べられるかなどの情報を旅人に親切に教えようというようなホスピタリティに欠ける所が道内では目立つのだ。地場産品（一次産業）と民宿（三次産業）との連携が充分ではない自治体などは、従来の「地の利」だけに頼っていても今後の明るい展望がなかなか見えてこないことを自覚すべきではなかろうか。換言すれば、地元が一丸となった「産業クラスター」（ブドウのふさの意味で、中核となる産業と様々な産業が結びつき、相互の連携を取りながら知恵を出して、製品開発などを行い地域を活性化しようとする考え方＝次頁図参照）的取り組みによる活性化を進めていけば、将来展望が開けてくる可能性が高いということになる。

具体的に言えば、個人の努力の上にさらに地域で、すべての産業、異業種間で仲

食クラスタープロジェクトとその関連産業

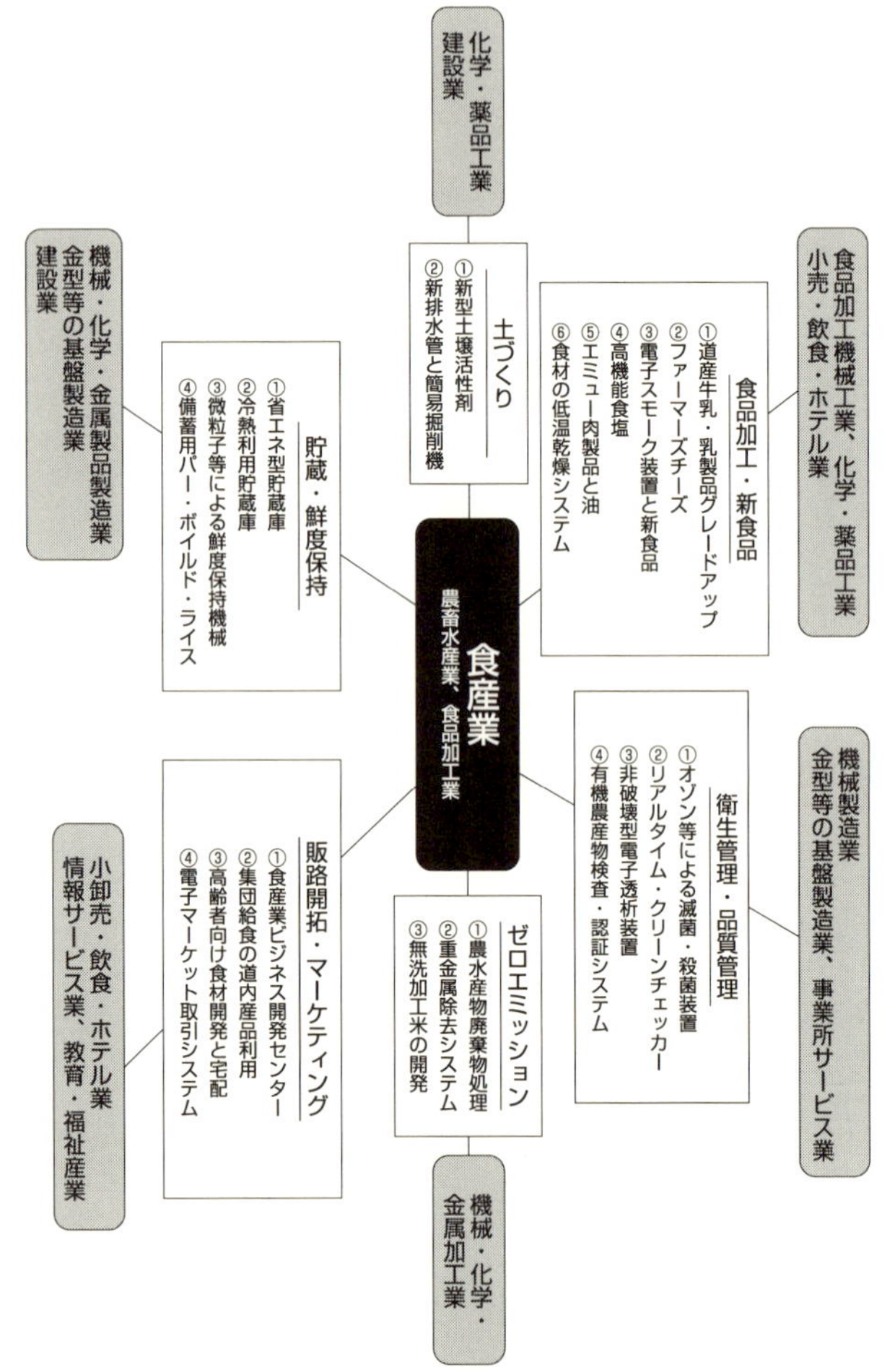
化学・薬品工業
建設業
土づくり
①新型土壌活性剤
②新排水管と簡易掘削機
食品加工機械工業、化学・薬品工業
小売・飲食・ホテル業
食品加工・新食品
①道産牛乳・乳製品グレードアップ
②ファーマーズチーズ
③電子スモーク装置と新食品
④高機能食塩
⑤エミュー肉製品と油
⑥食材の低温乾燥システム
機械・化学・金属製品製造業
金型等の基盤製造業
建設業
貯蔵・鮮度保持
①省エネ型貯蔵庫
②冷熱利用貯蔵庫
③微粒子等による鮮度保持機械
④備蓄用パー・ボイルド・ライス
食産業
農畜水産業、食品加工業
衛生管理・品質管理
①オゾン等による滅菌・殺菌装置
②リアルタイム・クリーンチェッカー
③非破壊型電子透析装置
④有機農産物検査・認証システム
機械製造業
金型等の基盤製造業、事業所サービス業
ゼロエミッション
①農水産物廃棄物処理
②重金属除去システム
③無洗加工米の開発
販路開拓・マーケティング
①食産業ビジネス開発センター
②集団給食の道内産品利用
③高齢者向け食材開発と宅配
④電子マーケット取引システム
小卸売・飲食・ホテル業
情報サービス業、教育・福祉産業
機械・化学・金属加工業

北海道産業クラスター創造研究会「アクション・プラス」より

良く情報を交換し、街に入ってくる観光客や旅行者を温かく受け入れ、そうした訪問者たちの満足度を高めるホスピタリティを培い、備えておくことが重要であろう。地の利を、さらに何倍にも活かす知恵を皆で考える、そうした取り組みが道内各地の観光地には求められているのだ。

層雲峡における「地の利」は何なのか。すでに断片的に触れてきているが、地域の成り立ちや北海道内のポジションから再確認してみる必要がある。そして観光客の評価はどう変化してきているのか、についても的確に把握する必要がある。

以下の項目では、これらの点や具体的な若手経営者らの試みなどについても見ていき、改めて活性化へ向けての課題は何かを探ってみることにする。

代表的な観光地「層雲峡」

◆観光資源に恵まれた上川町

上川管内上川町の起源は、一七九八（寛政十）年、幕吏の三橋蔵右衛門がこの地に検地で入ったことに始まる。町名は、この地が石狩川の上流部に位置するため、かつてアイヌの人々が「ペニ・ウン・クル・コタン」（川上の人々の村）と呼んだことに由来する。

一八五七（安政四）年、松田市太郎が石狩川の水源調査でこの地に入り、温泉が湧いているのを発見した。これが現在の層雲峡温泉である。一八九〇（明治二十三）年には道路開削により越後駅逓が設置され、この後、本格的な開拓がスタートした。[*2]

そして一九一四（大正三）年、塩谷水次郎に層雲峡の温泉許可が出され、浴舎ができて温泉の創業となった。

層雲峡は、石狩川が大雪山の北側で熔岩凝灰岩を浸食して形成された大峡谷。その名は一九二一（大正十）年八月、詩人・大町桂月がこの地に入って山々を泊まり歩いた印象から命名されたものだという。

一九二三（大正十二）年には北海道山岳会が創設される。そして黒岳周辺の登山道や山小屋が整備されるようになり、層雲峡からの登山者が増え始めた。同じ年に上川駅も開通した。さらに一九二六（大正十五）年には上川駅から層雲峡までの自動車道が開通している。また一九二七（昭和二）年、層雲峡が「新日本百景」に入選し、名勝地として全国に知られるようになった。その翌年には層雲閣が竣工し、徐々に観光客・登山客が増え始めていく。野口雨情（「層雲峡小唄」の作詞者）が現地入りしたのも、この時期である。

町政は、一九五二（昭和二十七）年九月一日に施行されている。ただし、層雲峡温泉が開発されはじめた当初は愛別村であり、石北線が開通したその翌年、一九二四（大正十三）年に分村し上川村となった。

現在の町域面積は一〇四九・二四平方キロメートルで、このうち山林が九七七・四八平方キロメートル、そのうち国有林は八万二千四百一ヘクタール、道有林は一万二千六百三十ヘクタールを占めている。古くから林業の町として栄えていたが、次第に木工場も廃業して減少。近年、町は基幹産業として酪農に力を入れてきている。特に大雪高原牛（アンガス牛）は、東京市場にまで販売されていて有名。『北海道農協年鑑』（平成十四年版、北海道協同組合通信社刊）によれば、肉用牛が千四百四十七頭、乳用牛は千三百二十六頭飼育されている。このほか農作物では水稲、ジャガイモ、トウモロコシ、大豆など、加工食品ではトマトジュース、ハム・ソーセージ、山菜加工品などがある。

二市十五町一村にまたがる大雪山国立公園域の面積は約二三万六千ヘクタールで、その九五％が国有林、四％が道有林である。広さは他の国立公園の平均の三倍もある。私有地が極めて少ないため、原始からの自然が残されているのが特色だ。

上川町はその大雪山観光圏の中心に位置しており、町面積の九五％が国有林である。町内は層雲峡、大雪高原、愛山渓など多くの観光資源に恵まれていて、このうち「流星の滝・銀河の滝」は一九九〇（平成二）年に日本滝百選に指定されている。

一九九九（平成十一）年、道が中止を決断した大雪山国立公園内を通る士幌高原道路建設では、ナキウサギの生息地など全国的にも貴重な自然を保護しようとの声が大きな決め手となった。もちろん、時代の流れの中で無駄な公共事業を何とかできないか、と考え出された「時のアセスメント」（一九九七年）が効果を発揮したのは言うまでもない。

上川町の観光において層雲峡は大きな位置を占める。それだけに、開発行為には常に神経を使わざるを得ないのが実情だ。

＊2：層雲峡のホテル建設の歴史

大正時代に本格的に開発がスタートした層雲峡温泉街に初めて施設が作られたのは、一九一四（大正三）年十月に温泉許可がおり、翌年頃に建設された浴舎が最初である。現在、宿泊施設は大手ホテルを含めて十七軒（清川地区、大雪高原地区、愛山渓、ヒュッテを除く）。

その中では層雲閣が一番古い。開業は一九二二（大正十一）年で、荒井初一氏により開発されている。一九七三（昭和四十八）年一月に「層雲閣グランドホテル」と名称変更。現地バスセンターの一角には、層雲峡開発に果たした功績を讃えて荒井氏の

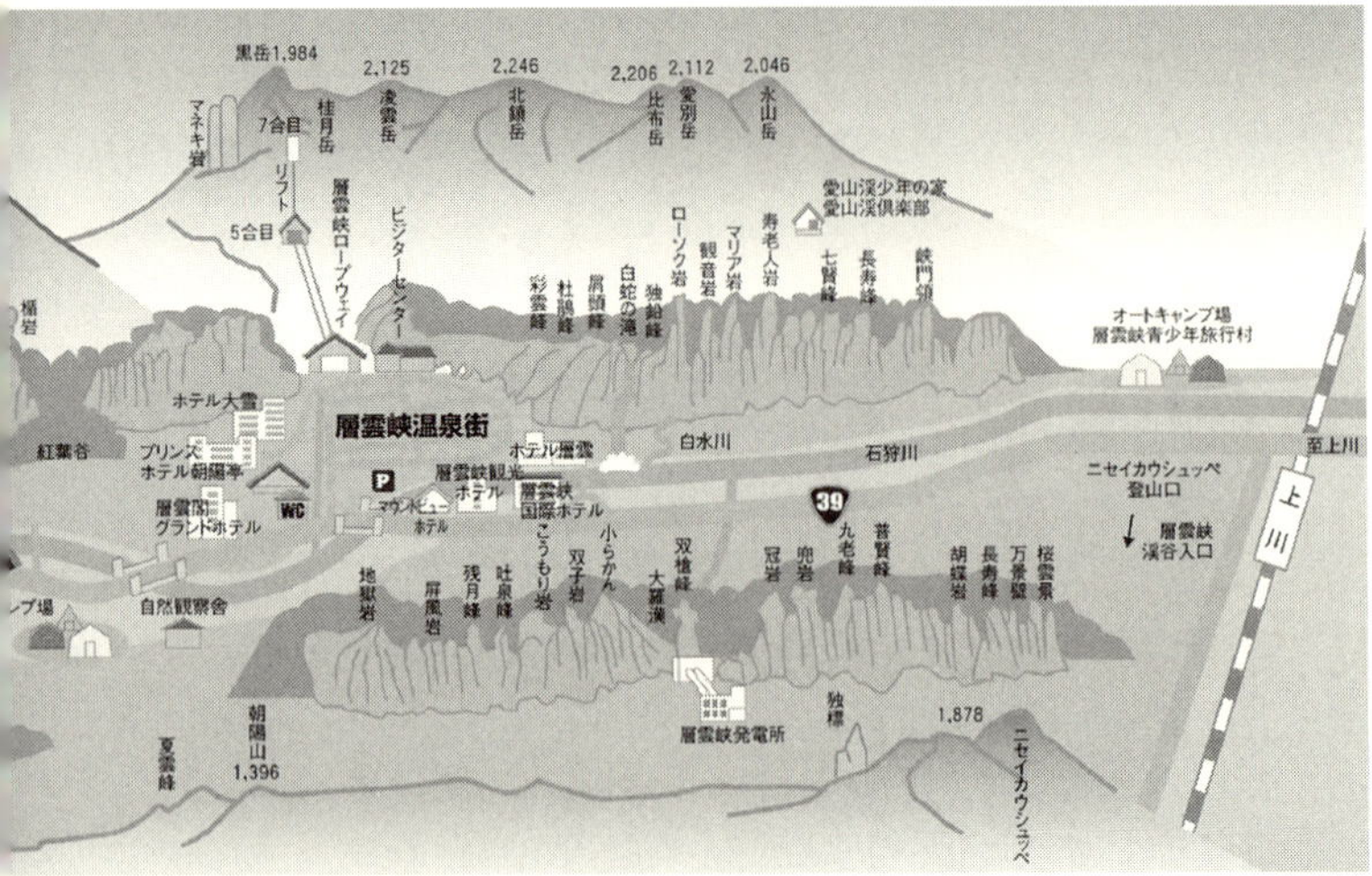

胸像が建てられている。

次いで一九二七(昭和二)年、登仙閣が開業した。後に「層雲峡観光ホテル」と改称、一九七六(昭和五十一)年六月には経営者が交替している。

一九五四(昭和二十九)年には、町営の朝陽荘が創業を開始した。一九六六(昭和四十一)年にホテル朝陽と名称を変更、一九七三(昭和四十八)年と一九八二(昭和五十七)年には新館を建設して積極経営を展開した。だが一九八五(昭和六十)年、手広く温泉地でホテル経営を行っている野口観光に売却、現在は「層雲峡プリンスホテル朝陽亭」として営業している。

朝陽荘開業と同年の一九五四(昭和二

代表的な観光地「層雲峡」

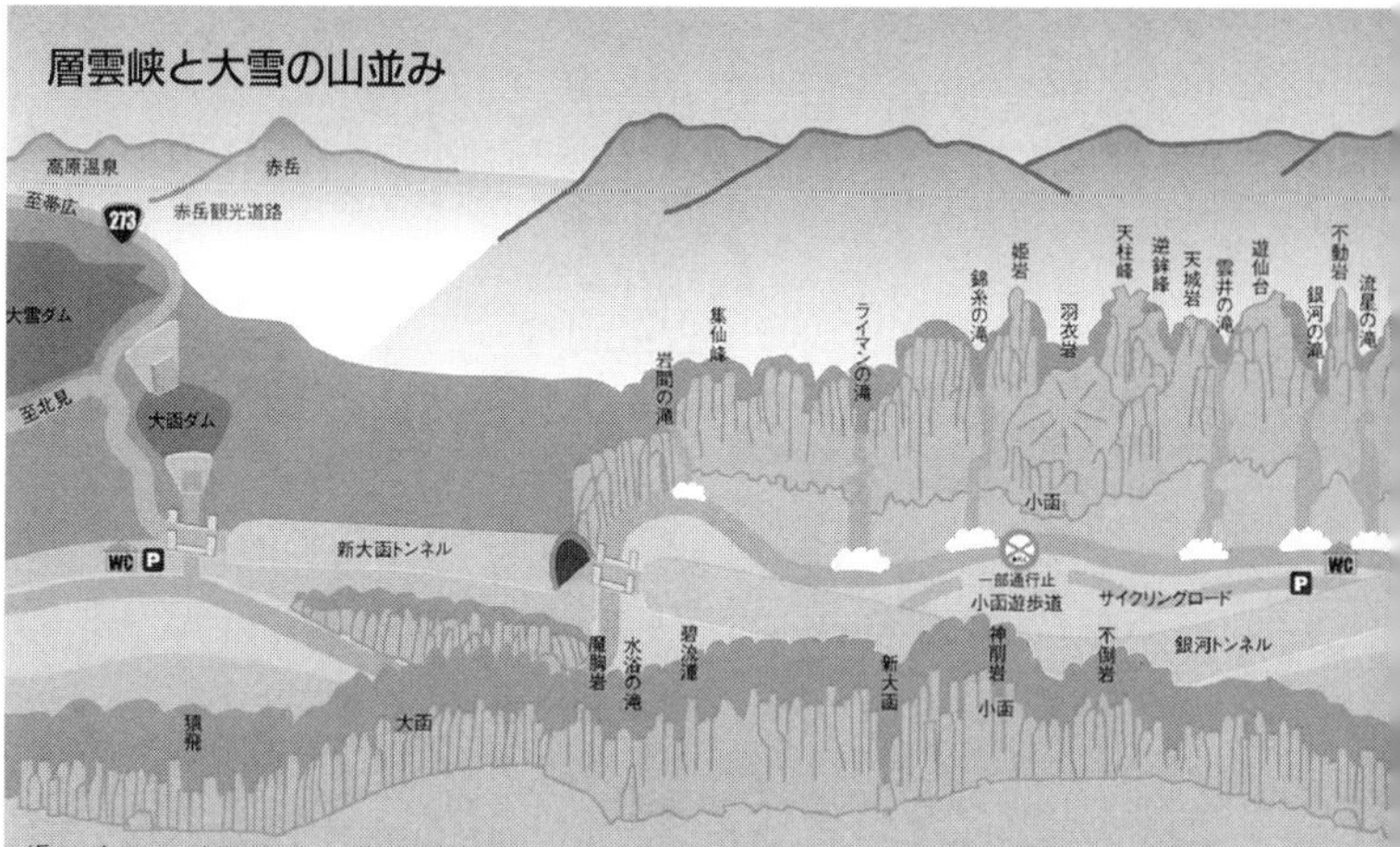

(「黒岳沢川砂防事業」北海道開発局旭川開発建設部発行パンフより)

十九)年には、さらに「ホテル大雪」も創業している。一九八六(昭和六十一)年には、系列の「マウントビューホテル」も開業して収容数を増大した。

「湯元銀泉閣」は一九六三(昭和三十八)年の創業。同じ年に「層雲峡ユースホステル」も開業している。銀泉閣は一九七三(昭和四十八)年に増改築し、その後、「プラン65」の再整備事業によりさらに拡大新築した。

一九六五(昭和四十)年には「ホテル層雲」が創業し、一九六八(昭和四十三)年九月の天皇皇后の巡幸時には、その宿泊所となった。

一九七一(昭和四十六)年頃には、民宿

も建ち始めた。「山路」や現在の「ホテル雲井」も、民宿としてスタートしている。

一九九〇（平成二）年には、ホテル層雲系列の「層雲峡国際ホテル」がオープンし、層雲峡温泉における収容キャパシティは七千人規模にまで膨らんだ。しかし、二〇〇二（平成十四）年、本間興業の経営破綻によりホテル層雲閉鎖、その後二〇〇三（平成十五）年二月に行われた債権者会議で、層雲峡国際ホテルのみ当面営業継続の方針を打ち出している。

◆観光資源としての層雲峡の価値

層雲峡は、約二三万ヘクタールの面積を持つわが国最大の国立公園、大雪山国立公園の北の入口にある。爆裂火口のお鉢平の活火山運動によって造り出された高さ二〇〇メートルもの溶岩台地が、長い年月の風雨、風雪により浸食され、層雲峡と呼ばれる深い大峡谷を形成した。

この地の命名者である大町桂月は、大雪山も命名したとされる。大雪山はいくつかの峰が集まった総称で、旭岳（二二九〇メートル）を主峰に、北鎮岳、北海岳、白雲岳、トムラウシ山、化雲岳、忠別岳、そして黒岳など変化に富んだ山並みを持つ。

　山登りをする人たちの楽しみは、種類の多い高山植物の群落、そして貴重で絶滅のおそれのある動物などの観察であろう。特に層雲峡のある表大雪、黒岳や旭岳などからの登山者が多く、大雪山中では抜きん出た人気だ。その中でも登山者にとっては、高根ヶ原、五色ヶ原などの溶岩台地に広がる高山植物のお花畑など、この世のものとは思えない美しい景観が最大の魅力となっている。

　層雲峡温泉街の上手に位置する層雲峡・黒岳ロープウェイから、これらの山頂や景観眺望を楽しむ地点を目指す登山・観光客は年間延べ五十〜六十万人余。ロープウェイは、層雲峡にとって通年で客を呼べる一つの大きな核施設となっている。

　一方、温泉観光をメインに訪れる人たちのもうひとつの楽しみは、凝灰岩のそそり立つ柱状節理や高い岩肌を流れ落ちる滝などの絶景観察であろう。溶岩が冷えて固まる時にできた柱状節理の規模は、わが国では最大。壮大な太古の火山活動を、間近に目にすることができる。また、峡谷のシンボルとも言える流星の滝、銀河の滝、そして切り立った崖に囲まれて水が流れる大函、小函、神削壁などは、どれも見事な様相をなしている。これらは、柱状節理の一五〇メートルもの美しい垂直岸壁に変化を与える、重要な一部となっている。

こうした貴重な景観は、温泉客たちの散策に付加価値的な楽しみを与えている。夏の「峡谷火まつり[*3]」と冬の「氷瀑まつり[*4]」に加え、紅葉時期も観光客の入り込みが多い。最近では台湾観光客の入り込みが増えるなど、海外にもその名は高まりつつある。

わが国最大のスケールを誇る大雪山国立公園は、こうした美を備えることで、国内・道内はもとより海外からの訪問者をも引き付けてきた。だが、バブル崩壊後は観光客の入り込み数、消費傾向に変化が現れてきていることも事実。ツアー料金の低価格競争もあり、地元経済にはマイナス影響が出ている。いくら誇れる観光資源があっても、いかんともしがたい長期的なデフレの影響が確実にこの地をも襲っている。

＊3：峡谷火まつり

古くから行われていた層雲峡地区の温泉まつりを、上川町、層雲峡観光協会、北海タイムス社の共催で、一九六二（昭和三十七）年九月十八日に第一回峡谷火まつりと代表的な観光地「層雲峡」

層雲峡の柱状節理はわが国最大規模

銀河の滝（左）と流星の滝（右）は層雲峡のシンボル的な存在

層雲峡「峡谷火まつり」

層雲峡「氷瀑まつり」

して開催したのが始まり。旭川の上川神社頓宮からの聖火リレー、花火大会のフィナーレなどが人気を得て盛んとなった。ちなみに、二〇〇二（平成十四）年の同まつりは、一日で一万五千人の人出で賑わった。

＊4：氷瀑まつり

客足がなかなか伸びない時代に、「層雲峡の冬を何とかしよう」と考え出されたのがこのまつり。スタート時点では、造形美術家の故竹中敏洋氏のアドバイスを得て氷の作品などを作りあげていた。当時は三百万円の予算規模であったが、それも観光客の数が増えるに従って年々膨れ上がってはいる。二〇〇二（平成十四）年からは開催期間を二月一日〜三月十七日までと、少し延長している。ちなみに、二〇〇三（平成十五）年の人出は二十五万人余だった。

◆道外客の人気が高い層雲峡温泉

旅行雑誌「じゃらん北海道」の道外客の人気観光地調査（二〇〇〇年九月八日〜二〇〇一年二月二十八日調査、読者七百四十一人に実施）の旅行先ランクでは層雲峡・黒岳は第七位、二百三十八人が訪れている。理由としては「自然と景観を楽しむため」が百七人とダントツである。また、道外客の「満足した」「良かった」のランクでも層雲峡・黒岳は第七位、百六十六人だが、「もう一度行きたい」のランクでは第十二位、七十五人となっている。これを温泉地に限って「行ってみたい」「また行きたい」ランクで見ると五十三人、第六位。つまりは人気温泉観光地であることが分かる。

だが、同誌による道内人気観光地調査(二〇〇二年一月二十日～二月十九日調査、道内読者千三百八十二人に実施)を見る限りでは、層雲峡は決して上位ではない。旅行先ランクでは第十一位で、百八十七人(一三・九％)しか層雲峡には訪れていないのだ。ちなみに前年の調査(二千四百六十一人に実施)でも十位、四百四人(一六・四％)。つまり、観光地層雲峡は、道内客よりも道外客のほうが人気も知名度も高い、ということになる。このあたりを地元はどう判断するか。場合によっては、今後の観光地ＰＲの仕方を変える必要があるのかもしれない。

◆ピークは一九九一年の三百十一万人

上川町商工観光課による層雲峡地区の観光客数の推移を見ると、そのピークは現在までのところ一九九一(平成三)年の三百十一万人(宿泊者数も百十三万人でピーク）となっている。以後は徐々に減少へと転じ、一九九六（平成八）年では二百七十万人（宿泊客数九十九万人）となった。その後は微増と微減を繰り返し、二〇〇二（平成十四）年には二百六十六万人（同九十七万人）となっている。最近は旅行代金もパックツアーでかなりの低価格競争を繰り広げているため、数字だけで単純な比較ができない部分もある。

それでも、そうした資料を提供してくれた同町担当者は、次のように語る。

「確かに二〇〇〇年三月の有珠山噴火、そして同年四月の航空法改正による運賃値上げの影響もありました。幾分当町への観光客の入り込み数が落ち込んだことも事実です。さらにはアメリカの同時多発テロの影響もありました。それでも、私どもとしては観光協会さんと協力して外国への観光PRを進めてきています。その効果もあり、道内への海外からの観光客の当町への入り込みは全体で三～四番目、台湾だけですと二番目の入り込みとなっています」

前掲の道による「北海道観光入り込み客数調査報告書」（平成十三年版）によれば、最近の海外からの観光客の動向では、台湾、中国、韓国からの入り込みが急増している。そして外国人観光客の宿泊延べ人数の多い市町村では上川町が約四万二千人で、札幌市と登別市に次ぐ道内第三位にランクされている。また、最大手旅行業者ジェイティービーの統計によれば、上川町は道内延べ宿泊人数の上では第五位（シェア四・一％）にランクされているのも注目に値する。

その入り込み数を月別に見ると、一番多いのが「峡谷火まつり」の行われる七月で十一万九千人、次いで八月が十一万五千人、紅葉の美しい九月が十万一千五百人となっている。また、冬期では「氷瀑まつり」が行われる二月も健闘しており九万六千二百人。これに対して十二月～一月、三月～五月の落ち込みは激しい。いかにしてこれらの月を九万人台へ引き上げるかが、今後の重要な一つの課題と言えよう。他の月にしてもさらなる観光ＰＲを高めて、入り込み数を増やしたいところである。

そうした課題に対し上川町自体、無策でいるわけではない。二〇〇二（平成十四）年春からは層雲峡の「花ものがたり」が開始されている。具体的にはホテルと商店街の中を、鉢植えの花などで飾り付けるガーデニング。これで観光客への歓迎色を打ち出し、この後の「峡谷火まつり」（七月下旬）へつなげようとの心積りだろう。さらに冬として最大の集客力を誇る「氷瀑まつり」までの間に「雪ほたる」を挟み込むなど、切れ目なくイベントを繰り広げる試みを行っている。このことに関して

層雲峡観光協会は、

「まだ始めたばかりだから効果は期待薄だが、続けることで効果は出てくると思います」

と、答えてくれた。

ただ、ここで指摘しておきたいことがある。「花ものがたり」では、地元の花卉生産者らとの連携がとられていないのだ。初年度の花の供給は、すべて大手の種苗店任せで練られていたプランなのである。これでは「産業クラスター的発想」とは到底言えない。プランはもっとじっくりと練って実施に取りかかるものなのではないか。つまりは、地域ぐるみで活性化を考えていくという取り組みをすべきなのである。地域のことは、できるだけその地域に暮らしている人たちで考え、創り上げていくことが、今の時代には特に求められることなのではないだろうか。

観光地「層雲峡」の抱える悩み

◆深刻事態・地元大手の倒産

二〇〇二（平成十四）年六月、地元層雲峡の大手観光ホテルを経営する本間興業が破綻した。層雲峡地区が持つ七千人の収容数のうち、同社経営の「ホテル層雲」と「層雲峡国際ホテル」という二つのホテルで千五百人を占めており、その影響は大きい。二つのホテルに客を入れていた大手旅行業者は今後層雲峡以外の地方ホテルへ配客するルート変更を進めている。そのような状況下では、層雲峡の全体的入り込み客数はもとより、宿泊者数の低下を招くことが必至の状況にある。

ちなみに本間興業は、戦前から映画館を経営していた故本間誠一氏が一九五二（昭和二十七）年に設立した会社。一九六一（昭和三十六）年、当時のソ連邦各地で日本の伝統芸能の歌舞伎を公演したのに続き、一九六六（昭和四十一年）からは当時一流として世界的な人気を誇っていたボリショイサーカスを呼ぶなど興行師として名をはせた。そして観光事業としては一九六五（昭和四十）年に層雲峡で「ホテル層雲」を開業したのを手始めに、二男の雅範氏が社長を継いでからはホテル業をさらに積極的に進め、一九九〇（平成二）年には「層雲峡国際ホテル」、一九九三（平成五）年には「札幌国際ホテル」を開いた。

こうした本間興業の積極的な経営路線を資金的に支えたのが、二〇〇一（平成十三）年六月に破綻した旭川商工信用組合だった。同信組破綻の原因が数十億円にのぼるとされる本間興業への過剰融資であり、同年五月時点で債務超過は六十五億円となっていた。そのようなことから一気に預金者離れが進み、法律に基づく破綻処理を金融庁に申請することとなったのである。その当時から「本間興業もいずれ立ち行かなくなる」との見方が一般的で、いわば「時間の問題」とされていた。同年六月の段階で整理回収機構（ＲＣＣ）は旧たくぎんから本間興業向け債権を引き継いだ。その資産を競売にかけるために旭川地裁の競売開始決定を受ける。早期是正措置を道から指示されていた旭川信組にとっては、担保物件が競売に出されること

閉鎖されたホテル層雲（2003年1月）

当面営業を継続することになった層雲峡国際ホテル（2003年1月）

で一層経営債権環境が悪化した。そして、対象となった物件には層雲峡のこの二つのホテルも含まれていたのである。つまり、本間興業と旭川信組とは一連的関係だった、と言うことができる。

この二つのホテルのうち「ホテル層雲」は営業を中止した。「層雲峡国際ホテル」については二〇〇三（平成十五）年二月六日に旭川市内で開催された債権者集会で当面の営業を継続することが決まってはいる。しかし、いったん観光客の入れ込みルートを変えた旅行業者がこれまでどおり客を入れてくるかどうか、不安材料は多い。

本間興業の二つのホテルに観光客を送り込んでいた旅行業者・近畿日本ツーリスト本店広報担当者は、二〇〇二（平成十四）年夏の段階で私の取材に対し、

「本間興業のホテル層雲などへは七月から客は入れていません。他のホテルに入れるようにしていますが、やはり大型の客は取れなくなりました」

と、話していた。また、同系列ホテル利用の観光バスが入っていた近くの施設では、既に影響が出ていると言う。さらには本間興業が層雲峡観光協会の一員であったため「その分の会費収入があてにできず、協会の事業展開にも影響が出ることは

事実」（同協会の当時の佐藤文彦専務理事）という話もあった。年間で百万円規模の会費が入らないとなると、確かに影響は大きい。観光用ポスターの印刷費二〜三回はふっとんでしまう額であるのだから。現に、二〇〇三年の氷瀑まつりでは、運営資金について一般観光客へも資金カンパを呼びかける事態に立ち至るような影響が出ている。

こうしたことを念頭に入れても、地元が今こそ一体として知恵をしぼり、観光活性化に取り組まねば、未来はなかなか見えては来ないだろう。

◆人気観光地の条件調査から

当然のことだが、活性化、生き残りの道を探るうえからも念頭においてもらいたいのは、入り込み客の動向だ。

前出の旅行雑誌「じゃらん北海道」の読者を対象にした「道内人気観光地調査」をベースに、以下もう少し傾向を分析してみよう。

過去三年間（二〇〇〇〜二〇〇二年）についての同調査は次の通り。

①旅行の形態別では、調査対象者（サンプル数は毎年異なる）のうち約八一〜八

七%が日帰り旅行を、約八七~九二%が一泊二日の旅行をそれぞれ経験していて、一泊二日を一~二回がそのうちの約四二%にのぼっている。さらに二泊三日になると約五〇~五八%が経験している。

②旅行の目的別では「温泉を楽しむ」が全体の約三割、続いて「自然や景観を楽しむ」、以下「ドライブをするため」「地域産品や特産品等おいしい物を食べるため」となっている。

また、行き先別のランキングでは観光地が、二〇〇〇年は小樽・洞爺湖・函館、二〇〇一年は小樽・札幌・洞爺湖、二〇〇二年は小樽・札幌・富良野の順となっている。満足度のランキングでは函館が一位で、そのほか奥尻、利尻・礼文、富良野・美瑛、知床岬・ウトロが上位を占めている。

これを層雲峡に視点を当てて見ると、温泉地の中では「層雲峡・黒岳」が二〇〇〇年と二〇〇一年で五位、二〇〇二年は六位にランクされている。だが、満足度ランクでは十三~十七位と決して高くはない。さらに「もう一度行ってみたい」となると十九~二十位まで順位を落としている。

時代の流れを的確にとらえるために

◆旅行形態、ニーズの変化とそれへの対応

週休二日制の定着、労働時間の短縮で余暇時間が生じ、余暇の活動も増し、行動範囲も広がってはきている。不況下とは言え、旅行やレクリエーションへの関心は決して低くないことは各種の調査で分かる。それも自然回帰志向、健康志向、そして学校の週休二日制の実施に伴うファミリー志向が高まり、観光・レクリエーションへのニーズは多様化の一途と言える。

こうしたことから最近の観光客の旅行形態は、すでに述べたようにかなりの変化を見せ始めている。そして、北海道を訪れる観光客の数もそれほど減ってはいない。にもかかわらず、客室単価など低価格競争が激しいため、各観光地のホテルや旅館

では相当の苦戦を強いられているのが実情だ。

一般的な流れは団体旅行から個人旅行主流となっていて、一つひとつのきめ細かなサービス、対応がホテルや旅館側に求められてきている。そのためにはコストをかける必要がある反面、低価格競争もしなければならない。そんな極めて厳しい時代なのである。つまりホテルや旅館側は、低価格競争に参加して生き残りの道を捜すのか、それともその手にのらず独自に工夫を凝らした差別化路線でいくのか、という岐路に立たされている。

前出のジェイティービー稲村氏は当時、

「見る観光から体験する観光への要望が高まっていて、長い眼でみて取り組むべき課題は実に多い」

と、指摘した。その第一は体験型ツアー。この種のツアーを希望する人のために、それぞれの観光地で体験型素材を発掘する必要が生じる。そこで、層雲峡についてこれらの点を考えてみることにしよう。層雲峡について、稲村氏はこう語った。

「町並みがきれいに生まれ変わっただけでは、とても観光客を呼び寄せられる力にはなりません。これまではどこでも、活性化と言えばハコを作ることを考えてしまいがちでした。でも、北海道に来る観光客の大半は、北海道ならではの悠然とした自然を求めます。そして、そこでしか見られない、食べられないものを求めています。層雲峡であれば、そこでしか見られない所まで連れていってもらえるということになりますか。そうしたことが口コミで次々と全国各地に伝えられ、客を呼ぶ力になっていくと思います。そのような地元の方々の地道な努力の積み重ねが、二年後、三年後に効果として現れてくるのではないでしょうか」

◆自然体験型資源はふんだんに

稲村氏の指摘によれば、北海道の自然体験型観光、本物指向として、すぐにでもできるものがあるという。それはバードウォッチング、花（ジャガイモの花やソバの花でもよい）や麦畑を代表とする大規模な風景、牛の乳搾りなど。それらに付随してのソーセージやチーズづくり、そば打ち体験などもお勧めと言う。

「意外に思われるかもしれませんが、観光客というのは若い人たちでも年配者でも向学心を持っています。体験型ツアーは、またこの次にも来ようとのモチベーションを高めることになるのです」と、稲村氏。

層雲峡は、自然体験型観光資源にはこと欠かない。ホテル街からは徒歩でも比較的短時間で大函や小函、流星の滝などの見どころをまわることが可能だ。自転車ならもっと快適。商店街との交流も自然に生まれる。

だが、そうした体験や地元との交流を、果たしてホテル側などが積極的に勧めているだろうか。だいたいは「いったんホテルに入った客は外へは出さない」方式のところが多いと聞く。もっとも、大手ホテルですら自分のところを守るのに精一杯というのが昨今の状況とも言えなくはないが。いずれにせよ、そんなことでは、全体としてジリ貧状態に陥るのは必定だ。

大も小もなく、すべてが連携し、広い視野で今後のことを考えないと、層雲峡の輝く未来はないのである。

◆明るい未来を予感させる新しい流れ

未来はない、などと暗い話ばかりしているが、ここ層雲峡地区にも明るい未来を予感させる新しい流れはある。二〇〇二（平成十四）年に実施の「層雲峡氷瀑まつり」で、初めてカンジキでハイキング（参加無料）という体験型の企画が実施された。カンジキをはいて歩くカンジキハイキングのほか、実際にカンジキをつくる体験コースも行われた。一カ月の期間中、この体験に参加した人は四百名にのぼった。

また、二〇〇三（平成十五）年実施の同まつりでは、会場内に約二〇メートルの人工氷壁が造られた。そして、この壁を登る「アイスクライミング」の体験が新たに加えられたのである。関係者の話によれば「凍った滝のところまで行った観光客たちは感激していた」ということで、新たな層雲峡の魅力を印象づけたことは間違いない。

ただし、前述のように二〇〇三（平成十五）年の氷瀑まつりでは、本間興業破綻の影響からか、まつりの資金難のために一般観光客へ「寄付」を呼びかけざるを得ない事態に立ち至っており、それがまつりに暗い影を落としている。

スキー、キャンプ、ゴルフなどアウトドア型レクリエーション・スポーツの体験できる場所なら、道内にもたくさんある。現状は、これらを巡りながらの周遊型観光がまだ中心であろう。だが、一カ所に逗留する滞在型観光も、徐々にではあるがニーズとして確実に増え始めている。そうした傾向をいかに地元で連携して取り入れられるかが、今後の大きなポイントになろう。それには地元でのインストラクター

初めて行われたカンジキづくり体験（2002 年 2 月）

参加者延べ 400 名にのぼった第 1 回カンジキハイキング（2002 年 2 月）

やアウトドアガイドの育成も必要だ。何より、多くの人たちと一緒に考え「自分のところさえよければ」の発想を超えることが重要ではないか。

さらに今後農作業体験、加工品づくり、ファームインなど滞在型観光へのニーズは高まってくるものと見られる。

わが国の観光は欧米などと異なり、一カ月もの長期間休暇を取り家族一緒に出かけられるものではない。日本人の旅行習慣としてはせいぜい一週間ほどの旅行を四季折々の魅力を楽しむ式のものが圧倒的だ。そして周遊型であり、長く一カ所に留まる滞在型観光に対する需要は未知数ではある。だからこそ他に先駆けて、そうしたニーズについても自分の所では何ができるのか、メニューの揃え方を今から考えておくことは大切である。またそのメニューは、周遊型観光にも応用が可能なのである。

旅行関係者は、こうアドバイスする。

「層雲峡は、道東周遊の拠点という位置にあったからこそ、今までは何とかやってこられたと思います。でも今後は、そうした立地環境のみに安住していては伸びません。自然、文化、観光資源には特出したものがあるわけですから、それらをさらに工夫し新しい楽しみ方なりを考え、魅力を高めることが大切ではないでしょうか。そしてPRしていくことですね」

このことに関しては、以下のエコツーリズムのところでも関連して触れることにする。

◆地産地消の精神で

地元の連携を深めるという点では、比較的実行に移しやすい地場産の野菜、畜産品などの素材を使ったメニューの開発は、実に重要だ。層雲峡のホテルの中には、まだほんの一部だが料理研究会的な取り組みを進めているところもある。

だが、上川町が誇るJA上川生産の大雪高原牛（アンガス牛）は、コストが高いためになかなかホテルのメニューには出せないのが実情のようだ。このあたりを、なぜ町や観光協会、農協などが真剣に話し合い、打開できないのか、実に不思議である。

現在、層雲峡地区でも、ホテル大雪では特別メニューとしてアンガス牛を食べることができる。だが、かなり値段は高い。これでは観光客が二の足を踏むのも当然

大雪高原牛（アンガス牛）の放牧風景（2000 年 7 月）

新装なった層雲峡商店街（2000 年 5 月）

だ。

JA上川の担当者は、この点について当時次のように答えた。

「地元へ卸すことについて、観光協会や町などから相談があったという話は聞きません。ただ、コープさっぽろの他、ホクレンにも卸しているので、地元へも可能です。ただし、一頭単位でなければ卸すことはできません」

コストは別にして、少なくとも、一頭単位なら地元で使うことも可能なのだ。ホテルなどを中心とした共同仕入れが実現できれば、それほど困難な問題とは思えない。問題は、まとめ役が不在だからなのか。

生産された大雪高原牛の大半は、大口買い手のコープさっぽろへ出荷されている。少ない消費にいちいち対応するのは難しいことではあるのかもしれない。だが、何と言っても上川町が誇る特産品である。何とかしてでも、地元での消費拡大に繋げることができないのか、真剣に検討すべきである。

もちろん、上川町の誇る特産品は牛肉ばかりではない。まだまだある。ジャガイモ、カボチャなどの野菜もそうだ。こうしたものは地元でも取り入れやすいわけで、中には生産農家と直接契約しているホテルもある。それなのになぜか目立たないのは、やはりPRの仕方が足りないか、適当ではないからだろう。大雪高原牛がブランドなら、大雪高原野菜も充分にブランド化できると思うのだが。

◆危機感持ち、生き残り策研究を

これまでいろいろと指摘ばかりしてきたが、層雲峡地区にも地元の魅力を何とかして作りあげようと模索し、頑張っている若手経営者らが当時はいた。それは食堂「山の食房」を経営していた帆刈信五さん、黒岳温泉のあるコミュニティセンター内でイタリア料理店「ビアグリルキャニオン」を営む平松学シェフ、温泉ペンション銀河経営者の佐藤信治さんらだ。

気の合ったこの三～四人のメンバーが「層雲峡でしか食べられないメニューを」と、日夜研究していた。

確かにこの地区では、それまでは商店街内で何かを決めても、協力し連携するという流れはつくれていなかった。そんななかでは、彼ら若手経営者が行う活動は、傍から見る限りでは「やりたい人だけがやっている」というようにしか思えないのかもしれなかった。

そうした冷ややかな視線を浴びながら、彼らは「自分たちの店を何とかして成り立たせていかなくてはならない」という厳しい現実のもと、懸命に頑張っていた。そして「大手のやることを真似てもだめ。自分たちのできる範囲で知恵を絞り合い、差別化できるメニューを開拓しよう」と強い意志を持って、時々集まっては話し合っていた。

では、彼らは一体どんなことをしていたのか。平松さんの店では、山菜時期にはギョウジャニンニク入りのパンを提供していて、これが今でも好評だ。地元の野菜を取り入れた料理にも挑戦し、今では、それが各種ピザに生かされている。

また当時は、閑散期になると佐藤さんのペンションでは、人件費等コスト削減策として客への食事の用意をせず、平松さんや帆刈さんらレストランや食堂を経営しているところで食べてもらう「連携」を行っていた。そうすることにより、佐藤さんは経費削減をし、食堂側にとっては利用客の増加につながったというわけだ。

まだまだ、彼らの新たなる取り組みはスタートの段階を出てはいなかった。だが「このままでは未来はない」との危機感を持ち、やる気を発揮するこうした若手のアイディアは、実に貴重なものだったと言える。

◆差別化に知恵絞り、連携を強めて

元層雲峡温泉旅館組合の当時の西木事務局長（ホテル大雪専務、故人）は、二〇〇二（平成十四）年三月に行った私の取材で、地元における意識の違いや今後の層雲峡温泉観光の活性化について次のように話してくれていた。

「今年（二〇〇二年）から手がけたものとしては〝花ものがたり〟や〝雪ほたる〟などのイベントがあります。これらは観光協会を中心に大手ホテル、地元関係者ら、行政が連携して取り組んでおり、いずれ集客効果が出てくると思います。また、地場の食材をメニューにどう生かすのか、あるいは、ここでしか食べられないものを提供しようなどと、いろいろ研究はしているのです。今のところアンガス牛は値段が高くコスト面で難しいのですが、規格外の野菜などは積極的に利用しようと考えています。また、もち米の〝はくちょう米〟の利用も研究中です。

また、地元と大手ホテルとの連携の欠如については、私も常日ごろから何とかそのギャップを埋めようと思案しています。問題は見えております。ホテルへの観光客の到着はどうしても夜遅くが多くなるのですね。それが、商店街とのスタンプラリー実施などの障害となっているわけです。それも、商店街の夜の小イベントの情報をホテルで館内放送するなどして、例え夜でも外で層雲峡を満喫し楽しめるようにと、考えているところです」

このように話してくれた西木さんは私の取材後、間もなく亡くなられた。地元でホテルマンとして長い経験を持っており、信望の厚い人であった。地元の連携ということについても腐心していた方だけに、残念でならない。まさに層雲峡からキーマンがいなくなった思いすらした。

◆商店街の経営感覚と「体力」にも差

言葉で連携などと叫ぶのは容易だ。だが、これをいざ実行に移すとなると、なかなか難しい。

「自助努力しかない」と当時話したのは、湯元銀泉閣の高田保さん(当時社長)だ。「私は〝ごちパラ〟などのイベント会議などや様々な観光関連の会議に出席していますが、地元の人たちは自腹を切ってまでそれらには出てはいません。でも、そうした会議に出席することで、いろいろな関係者たちと人間関係が構築でき、それが私の場合ならホテルの利用に結びついてくる。ダンピング競争をしたらだめです。

だから、値段に見合うだけのサービスをうちでは心がけています。お膳も全て部屋出しなど、うちでしかできないサービスを、と考えてやっています」

層雲峡商店街の役員だった畠透さんは、こう話していた。

「以前は、大手ホテル自体が商店街と一緒に組んでイベントをやろうなどという気はなかったと思います。でも平成十四年からはじめたガーデニングの〝花ものがたり〟の際には資金づくりもしてくれました。私たちは、宿泊客にも積極的にＰＲして、商店街に足をのばしてもらおうと考えています。まだ始まったばかりで、すぐに効果は期待できないけれど、続けていくうちに効果も出てくるでしょう」

初年度一千万円、各商店業者で百万円ほどの持ち出しでスタートした「花ものがたり」というイベントに、大きな期待をかけていたのがわかるコメントである。

だが、標高が高いこと、天候不順などの影響がもろに出ると花の開花に大きく影響すること、近隣の観光地で花（芝ざくら）を売り物にしている地区との時期的な差があることなど、思った通りには客の誘致まで結びついていないようだ。それでなくても「体力」の落ちてきている商店街である。果たしていつまでイベント資金を持ち出しできるか、不安は募る。

第１回「花ものがたり」のガーデニング風景（2002 年 6 月）

前出の環境アドバイザー東村氏は、当時次のように語っていた。

「イベントを行うことでしかまとまれないのが現実なのです。でも、違いの大切さを打ち出すことをもっと考えるべきではないでしょうか。大手と同じ路線でまとまっては、だめだと思います。客が求めるものすべてをやろうと思っても、それはできません。捨てられるものは捨て、採算性を見極められる範囲でやれることを考えることが大切です。かえって今こそ、小さい所がチャンスなんです」

この「花ものがたり」の企画全般は、初回は道都のノウハウを持つ人たちに任され、雪印種苗が苗の提供となった。ここでも地元業者は除かれている。ところがA社で見積りを取ると、地元からは約半値で見積りがあがってきた、という話もあった。地元で相互の産業が連携を取りながら、活性化を図ろうとの産業クラスター的発想が全く見えなかった。そして、東村氏もこうした点に疑問をぶつける一人であった。

このあたりも「体力」に差のある経営者の経営方針・感覚による判断の違いとなっていそうだ。不況下で北海道内の地域活性化の前途は暗い中、今叫ばれているのが産業クラスターなのである。

「全て専門家たちにお任せ」式でイベントを組むという発想では、地元活性化にはなかなか繋がって行かないのが現実なのである。この点で地元経営者らの発想の転換が必要だろう。

◆リゾートバブルの教訓踏まえ

リゾート開発の時代は、一カ所に囲いこまれた施設の中で様々な体験や楽しみ方ができる大規模開発が目ざされた。だが、これには莫大な事業費がかかるため、自ずと高あがりなものとなった。そして固定資産税くらいしか地元振興にプラス効果がなかったことで、地域振興ともあまり結びつかなかったというのが実情ではなかったか。

この時、地元は自分たちが生産したものをリゾートホテルが素材として使用してくれるものと考えていた。だがそれも、大規模な他地域の農家との契約栽培などに移行し、地元利益は夢と消えたという例も少なくはない。

事業主体だったディベロッパーらの破綻により、建設された建物たちはさながらゴースト化の危機にある。それでも、中にはほんの一部だが、再生を賭けた取り組みがスタートしたところも出てきている。

これらの反省の上に立つならば、地域ごとに特色を持った機能性（個性）を尊重し、それを一層特化し、有機的に拠点を結びつけた分散型の観光地づくりを目ざすことが理にかなっている、と言うことができるのではないか。

一九九五（平成七）年四月、農村滞在型余暇活動促進法が施行された。これによりグリーンツーリズムを進める機運ができあがりつつある。北海道では、アウトドアガイド制度が創設された。これらによって、より安全で楽しいアウトドアライフが定着するはずだ。農山漁村の活性化、都市と農村との相互理解に結びつけば、と願わずにはいられない。

まだまだリゾートバブル時の意識変革が充分になされていないのが実情である。バブルの夢を追うことなく、着実な観光と地場産業活性化の構想を描いてみる時が来ている。

先に触れたが、道内各地で産業クラスターの取り組みが進められているのは、そうした意味で大変意義のあることなのである。

生き残るために共存を模索する

◆調査研究からの提言

では、層雲峡地区が観光地として活性化し、生き残っていくためには、どのような取り組みが必要なのだろう。その一つの手がかりとなるのが、二〇〇一（平成十三）年五月に発行された『二一世紀の旅館経営の課題―十年後を生き残るために』（二一世紀の旅館ホテルを考える研究会、財団法人日本交通公社企画編集）である。

同書では、全国的な観光の不振を、次の三つの複合不況と分析する。

⑴デフレ不況
⑵社会構造の変化
⑶観光地・旅館と消費者ニーズのミスマッチ

そして〈旅館はこのままでは半分しか生き残れない？〉とする第一項では、
①個人旅行者のニーズに対応していかないと多くの旅館は生き残れない
②旅先・旅行期間の分散化により温泉観光地の宿泊収容能力は供給過剰が続く
③滞在客・インバウンド客・リピーター客の三つを開拓しないと市場規模は縮小する
④観光地の魅力をあげる努力をしなければ、都市観光地と海外観光地に勝てない
と分析し、積極的なPRを心がけることを勧めている。また、地元の潜在的観光資源をもっと積極的に掘り起こすことの大切さも強調している。

第二項の〈なぜこうなってしまったのか、反省点は？〉では、
①過剰開発により「自然の中でリラックスできる環境」を失った
②みんなが同じ市場を追いかけたため差別化ができず、グレード競争だけとなった
③個人客を重視する姿勢が弱かったため、旅行会社への依存体質となってしまった

④「旅館は日本文化でありホテルとは違う……」という〝こだわり〟の功罪

⑤「旅館は特殊な業界だから……」という甘えが業界の近代化を遅らせたなどと指摘している。これらの分析は聞きようによっては「警告」ととれる。かなり耳の痛い経営者もいることだろう。

古くから開けた層雲峡温泉は、大雪山周辺のきわだった自然美という地理的優位性にあぐらをかいた商売をやっていなかったか、旅行業者任せで「待ちの商売」になっていなかったか、団体客を優先し個人客には不親切な対応ではなかったか、など今一度反省をし、改善点をチェックすることが重要であろう。

◆生き残りへの工夫のポイントは

前掲書『二一世紀の旅館経営の課題』では、〈生き残る条件を考える〉として以下（要約）のようにアドバイスしている。

①マーケティングを強化し、自分の生き残る分野（カテゴリー）を絞りこむ。ターゲットにする客層を決め、的を絞ったサービス・商品に変えること。そしてターゲット客層に対してどんなスタイルで時間の過ごし方を提供してい

るのか、をきっちりと情報発信することが大切である。カテゴリーにマッチしたお客の満足度を上げてリピーターとする。

②旅館の魅力を再構築する。旅行スタイルの変化に合わせリラックスの場・癒しの場としての価値を高めること。従来の旅館料理から楽しい食事の演出への工夫。高齢者のお客には従業員や地元の人たちとのコミュニケーションが重要であり、話をよく聞いてあげることが満足度につながる。和室や洋室にも二人客の増加に対応したつくり変えが必要。

③地域に密着する。旅館が街の一員になる。街全体で「分業」と「相互乗り入れ」を考える。例えば食事選択制では、個々の旅館が個別に選択制を取り入れなくても「観光地全体で多種多様な食事の選択」が自由にできればよい。街の魅力が向上すれば宿泊客が街に出るようになる。そうなれば自分の得意な分野だけで勝負し、あとは別の旅館に任せる、という旅館同士の分業と棲み分けが生まれ、分業が進めば個性化が進み、中小旅館の生き残りのチャンスが増える。分業（機能分担）は「旅館」と「商店・飲食店」「街の行政機能」でも行うことができる。

④旅館の販売方法を見直す。基本は泊食分離。どちらか得意な分野だけで勝負でき、多様な旅行目的に応えられることで需要の拡大が期待できる。提供できるサービスとできないサービスを明確に知らせる。旅館経営者のポリシーを表示する。これによりお客とのミスマッチを防ぐことができる。

同書ではこれらの他、運営の近代化、財務体質の強化、旅館と旅行業者との新しい共生などが具体的に示されている。観光地・層雲峡温泉にとり、示唆に富むことばかりであろう。個々で考えねばならない点、層雲峡全体で危機感を持って大局的、具体的に考えねばならない点などを整理し、未来へ向けての突破口を模索してもらいたいものである。

◆層雲峡地区活性化へ向けて

十年前のロープウェイ横駐車場問題に関する取材の際、層雲峡商店街の若手を中心とした経営者たちと幾度か酒を酌み交わす機会があった。その席で私は、次のような提案を試みた。

一つ目は、りんゆう観光と地元商店街、大手ホテルとの連携強化について。前出

（一四二頁）の元層雲峡温泉旅館組合の当時の事務局長だった西木さん（故人）が話していたように、大手ホテルに宿泊する団体客らに対して、商店街で行われているイベント案内の情報をどしどし入れ、何とかホテルから商店街へ外出させる連携プレーが望まれる。これはロープウェイの利用客に対しても同様で、駅舎やロープウェイ内でのアナウンスに商店街の紹介やイベント情報を流すなど、相互協力関係をしっかりとつくりあげることが何よりも大切である、と考える。

層雲峡での滞在時間をより長くするために、ホテルやロープウェイ、そして商店街は密な連絡体制をつくり、親切で楽しい当地の情報に接したり体験のできるよう入り込み客を誘導すべきである。

そうした連携が強化される中で協力・信頼関係が築かれ、層雲峡地区の共存共栄のあり方論議を深められれば、自ずと今回のような駐車場や地区内の駐車・通行規制についてもルールづくりができるのではないかと考える。

二つ目は、ラーメンに関するイベントの実施。上川町は「ラーメン日本一」を標榜している町。その実態はともかくとして、国道沿いなどには幟も立てられている。せっかくそうした流れがあるのだから、層雲峡地区でも期間を設定して「ラーメン

素晴らしい自然を背景に持つキャニオンモールの施設群

日本一」にちなんだイベントを行う、というのはどうだろう。現在、この商店街には一軒のラーメン店のほか、一般食堂、イタリアレストランなどがあり、ペンションやホテルでも食堂・レストラン部門をもっているところは多い。その料理人たちが期間限定で、それぞれ自慢の腕を振るってラーメンづくりに取り組むのだ。こうした取り組みは小樽市の運河食堂でのイベントでも立証されているように、味づくりを競い合うことで集客に大きな効果が期待できる。口コミでの宣伝効果によりリピーター客はもちろん、新たな客を呼び込む力ともなる、と私は思うのだが。

三つ目はスタンプラリーの実施。ロープウェイはもちろん、商店街やホテル・ペンション利用間のスタンプラリー展開というのはどうか。割引などの特典のほか、思い出に残るオリジナルな土産品プレゼントなどが案として考えられる。

この私の三つの提案について、若手経営者らの反応は決して悪くなかった。だが、一つ目の提案に関しては、ツアーを主催する旅行会社の都合（時間的制約）が最優先されるそうで、「なかなか期待通りに事が運ばない」と半ば諦めムードだった。

だが、それが例え実現不可能に思えることでも、まずは駄目もとで動いてみる、ということが必要なのではないか。そうした動きの中で連帯感が強まり、困難と思えた取り組みなども実現可能になる。重要なのは、まずやってみるという積極的な姿勢なのだ。

また、町を動かすことも重要。層雲峡地区の連携は基本だが、それだけでは弱い。前述したように、「大雪高原牛」という既存ブランドだけではなく「大雪高原野菜」など複数の地元産品ブランド化を図るためには、地元栽培家だけの頑張りでは限界があるのと同じだ。町の積極的支援のもと、こうした地元生産者と層雲峡地区が連携し、協力体制をつくりあげていく。こうした大きなパワーが、活性化には必要不可欠なのではないか。地元でまずブランド牛が食べられる環境になること、そして「旨い」という評判が広がることが第一歩である。これに関しては、ワインのマチ・池田町の制度が参考になる。

◆世界遺産登録への視点も

このところ日本国内の観光資源で話題になってきているのが「世界遺産」登録の話だ。世界的に価値があり、後世へ大切に保存し残していきたいものを「世界遺産」として登録するものである。これは、世界の貴重な文化財と自然を破壊から守ることを目的に世界遺産条約が一九七二（昭和四十七）年、ユネスコ総会で採択されたものだ。

日本は当初、態勢が整っていないことを理由に批准に二の足を踏んでいた。だが、一九九二（平成四）年に批准し、現在わが国では「白川郷と五箇山の合掌造集落」、「姫路城」、「屋久島」、「広島の原爆ドーム」、そして奈良・京都の文化財など十一カ所が世界遺産に登録されている。

世界遺産の基準は、文化遺産については

①人類の創造的資質を示す傑作

②時代を越え、建築・技術・都市計画および景観の発展に大きな影響を与えたもの

③現存の、あるいは消滅した文化的伝統・文明に関する独特な証拠を示すもの

④重要な様式の建築物、重要な発展段階を示す景観の見本である

⑤ある文化を代表する伝統的集落、土地利用の顕著な見本である

⑥普遍的な重要性を持つ事件、現存の伝統・思想・信仰や芸術的、文学的所産に関係するものであること

と、なっている。自然遺産については、
①地球の歴史の各主要段階を表す優れたものである
②生態系や動植物の進化発展に関する生態学的、生物学的過程を示す重要な例である
③ひときわ優れた自然美、および美的要素を持つ自然現象・地域である
④学術上、環境保護上価値を有する、絶滅のおそれのある野生種のための自然生息域

となっている。また、さらに文化と自然両方の要素を兼ねそなえているものも加え、大別して三つに分類されている。

日本の世界遺産では、自然遺産は二件のみだ。しかも、ほとんど観光化されていないところのものである。また、いわゆる「負の遺産」とも言うべき広島の原爆ドームなどは、世界的に見ても例外と言える。さらに世界的にも有名な富士山については「保護されていない」状態であることやゴミ問題などから、まだ登録には至っていない。

これらの登録基準から見て「大雪山国立公園を世界遺産に登録しよう」との声を

あげてもよいのではないか。二〇〇メートルもの切り立った柱状節理、その岸壁から流れ落ちるいくつもの滝、それぞれに様相を異にする山々と永久凍土、そこを棲みかとする貴重な動物、とりわけ絶滅のおそれのある「ナキウサギ」[*5]が生息していること、貴重な高山植物群落など、これらは世界的にみてもきわめて貴重な自然財産である。ならば世界遺産として評価されてもよいのではないか、と考えるのは私だけだろうか。

もし大雪山国立公園が世界遺産ということになれば、層雲峡の観光資源的価値は飛躍的にあがる。知名度は全世界に確固としたものになる。そうなれば、世界

絶滅が危惧されるナキウサギ

各地からの観光客誘致にもよい効果を発揮することは確かだろう。道、町、そして環境省で、実現へ向けてぜひ検討してもらいたいものである。

＊5：絶滅が危惧される「ナキウサギ」

大雪山や日高山系に棲息する氷河期からの生き残り「ナキウサギ」が発見されたのは、一九二八（昭和三）年のこと。それ以前から十勝管内鹿追町の然別湖畔あたりでは「ゴボウネズミ」と呼ばれていたことも、その後判明した。また、アイヌ語では「クッコル・カムイ」とか「クトロン・カムイ」という名前があった（ワシミミズクやオコジョであるとする説もある）とされる。いずれにせよ、かなり古い時期から北海道に棲息していたことは確かである。

ナキウサギは、ウサギ目ナキウサギ科の哺乳類で、体長二〇センチ弱。その鳴き声は「ピチッ、ピチッ」とまるで小鳥のよう。生活環境は「ガレ場」と俗称される岩場。夏場にせっせと草木を集めて干し、餌を貯蔵する賢さを身に付けている。最も低いところでは標高五〇メートル地帯でも、その棲息が確認されているが、空気の澄んだきれいなところにしか棲息できない。絶滅が危惧されているこのナキウサギを護るため、最近問題になっている高山道路などの建設に対しては、自然保護団体から猛反対の声が出されている。

世界的にもナキウサギの大雪山における存在は重要視されている。「ナキウサギふぁんくらぶ」では、今ナキウサギを天然記念物に指定するため、いろいろな活動を展開しているところだ。こうした運動に呼応して「大雪山国立公園」の世界遺産としての登録を視野に入れた自然保護運動の必要性が、関係者等の間で話題になりつつある。

第五章　エコツーリズムの台頭

自然資源との共生・エコツーリズム

◆エコツーリズムの高まり

最近は、アウトドア熱が高まりを見せている。その流れに呼応して、健康志向や本物志向、体験志向などの形で都会と農村・漁村との交流機会が試みられている。一九九五（平成七）年四月、農村滞在型余暇活動促進法が施行された。都会人たちが農村・漁村のゆったりとした空気の流れの中で滞在し、それぞれの場所で生活体験を持てるようにとの考えに基づくもの。そして該当地域の宿泊に適した施設が「民宿」として登録される制度なのである。

そうした趣旨に基づいて旅行することの総称として「グリーンツーリズム[*6]」という言葉が使われている。これら双方の交流の機会を積極的に増やすことにより、農

エコツーリズムの高まりにより人気を集めるエコツアー

山村地域の活性化を図り、都市との相互理解を深めることが期待されている。ファームインやファームステイという言葉は、農場などに宿泊しての体験を指す。

体験には乳牛の乳絞り、家畜の世話、乗馬、野外での料理実習、野山や河川、海辺散策や観察など、いろいろなメニューがある。そのような体験・滞在型ツアーからさらに一歩踏み込んだ考え方として、最近「エコツーリズム」という言葉が脚光を浴びつつある。

日本エコツーリズム協会は、エコツーリズムを次のように「定義」している。

①自然・歴史・文化など地域固有の資源を生かした観光を成立させる

こと

②観光によってそれらの資源が損なわれることのないよう適切な管理に基づく保護・保全をはかること

③地域資源の健全な存続による地域経済への波及効果が実現すること

をねらいとする資源の保護プラス観光業の成立プラス地域振興の融合をめざす観光の考え方である。それにより、旅行者に魅力的な地域資源とのふれあいの機会が提供され、地域の暮らしが安定し、資源が守られていくことを目的としている。

同協会の活動としては、エコツーリズムに関する資料の収集や保管、推進するための調査・研究、国際会議の開催など。また、セミナーや研修会の実施、国内外のエコツーリズム資源の発掘と価値作り、視察ツアーの実施、書籍や印刷物・会報などの発行、会員相互の情報交流の促進、海外の組織とのネットワークなどなど、関連するあらゆることを行っている。

すでに、富士山では修学旅行生を中心に「青木ヶ原の成り立ち」を学習しながら自然の大切さを学び、ゴミ拾いもするツアーがＮＰＯによって展開されている。年間千人を上回る参加者がいる、という。同ツアーを主催しているＮＰＯ「富士山クラブ」では、富士山の世界遺産登録を目指して活動を広めて行く考えだ。

「山道は綺麗だが、帰り際の谷にはゴミ袋が投棄されるなど、ゴミ放置が世界遺産登録のネックになっている」

とされるだけに、同NPOの今後の活動には力が入るところだ。

＊6：グリーンツーリズム

都市住民が農山漁村で自然・文化・人々との交流を楽しむ滞在型余暇活動。国際化、自由化の中で深刻な危機を迎えつつあった中山間地域対策の活性化を目指し、バブル崩壊後の大規模リゾート開発に代わる新たな開発政策として国土庁や農水省を中心に考え出されたもの。「民活」利用のリゾート開発から「官活」型の農村リゾートとして一九九二（平成四）年頃に打ち出された。その後九四年、「農山村地域活性化のためには農山村型リゾートが有効であり、農村体験型・農山村交流型の安い宿泊滞在設備の整備等が必要」とする報告書を国土庁がまとめている。

かつてはリゾート法で民活を最大限に利用し、かつ地域を置きざりにし、自然を破壊した。そして今度は、官活国土開発政策の一環として施設建設を図ろうとするグリーンツーリズム。それは、これまでの充分な反省をないがしろにし、ほんとうに日本人のライフスタイルに合う着想なのかどうかの検証もないまま、提唱されたきらいがあることも事実である。つまり「経営的に成り立たなければ掛け声倒れに終わる公算が強い」との指摘は、あながち的外れとは言えない。本来は、地域の個性を尊重し、地域としての自立も充分に検討されたうえで進められることが重要と思われる。ここでも一つひとつ地域関係者が知恵を絞り、決して無理をせず、協力しあって新たな取り組みに臨む姿勢が求められている。

◆地元に利益与える工夫で普及を

エコツーリズムという考え方が叫ばれ始めたのは一九八〇年代あたりで、ヨーロッパから起こり、世界に広まっている。九〇年代になると、より具体的になり、現在は様々な方面からもよく聞く言葉となっている。

「北海道エコツーリズムを考える会」の小野有五北大教授によると、自然に関心を持つ人が増えたことがきっかけとなり、大手旅行業者のジェイティービーなどが全国エコツーリズム推進協議会を発足させ、北海道でも九八年になり同会が創立にこ

ぎつけた、という。小野教授は、

「これまでの中にはヒマラヤで典型的なように、地元にあまりお金が落ちない収奪型の考え方がありました。でも、地元にお金が落ちることが大事との考え方こそ、本当の意味でのエコツーリズムにつながると考えています。でも、まだまだそうした状況にはなっていません」

と言う。北海道では全国に先駆けて「アウトドアガイド」制度（研修、年二回試験実施）を導入、エコツーリズムを積極的に普及させていこうとしている。すでに登山、自然観察などのガイドとなった人は、全道で百八十九人（二〇〇三年三月現在）に達している。

小野教授は続けて、こう語る。

「最近では、世界遺産にしても、文化と自然とがいっしょになっていないと、なかなか登録されません。北海道では、そうした意味ではアイヌ文化を活用しながら、アイヌの人たちに積極的に参加してもらい、エコツーリズムの普及をしていくべきと考えています。カムイミンタラとしての大雪山国立公園地域を世界遺産登録するには、単に自然的な価値だけでは難しいと思います」

では、どうすればいいか。一つは、若い人たちをいかにして育てるか。また、先住民としてのアイヌ民族が国立公園などの管理面にも加わること、さらに人が手を加えないことなど、哲学的なものもしっかりと教育することなどが望まれる。

そうしたことが整って、エコツーリズムを地域の基幹産業に育てることができる。クリーンな農水産業の北海道を、世界に売り出すことが可能となるのだ。

エコツーリズムでも考えねばならない点は、なるべく自然に害を及ぼさないよう、林道であっても分散すること、そして自然環境を熟知する地元の人がガイドすることを意識しなければならない。そうなれば、しっかりと地元の基幹産業としての道筋を作ることになるだろう。流れはよくなり、地域から都会へ出ていった若者たちがUターンし、農家収入・観光収入の増加にもつながる。こうしてエコツーリズムの完成となるわけだ。

しかし、小野教授はこれらについて「まだ環境省にはビジョンがない」と指摘している。

◆山岳地帯のトイレ、ゴミ問題

大雪山国立公園でもトイレ問題などは放置できない状態となっている、と指摘するのは北海道山岳連盟の阿地政美会長（当時）だ。

現在、日帰り登山については「ゴミやトイレは持ち帰り」を原則として登山客に訴えている。だが、縦走登山など宿泊を伴うケースになると、どうしてもかなりの排せつ物が出る。このため、登山口近くのビジターセンターなどで無料配布している「携帯トイレ」だけでは間に合わないのが実情だ。

海外では、国が予算措置を講じて水洗トイレを要所に建設していて、満タンになる前にヘリコプターなどで運び下ろしているそうだ。大雪山では、まだそこまではされていないし、山岳地帯の草むらには携帯トイレを捨ててあるケースも見られるという。

「昔は排せつ物を埋めていたこともありました。でも三十年前からそれらも、露出していたりしたら、きちんと集めて運び下ろしています」と阿地会長は語る。つまりは、山岳会やパークボランティアらの活動により、何とか国立公園内の自然保護は保たれている、というのが実態なのである。

黒岳石室横に設置されている既設トイレ

エコツーリズムが普及するのは、とてもいいことだ。だが、入山する人の数が増えていくことにより、次第にマナーは低下していく可能性はある。特に今後、ゴミや排せつ物の問題は、一層重要な問題となってくることが確実と言えよう。

現在、大雪山でのトイレは、従来からある黒岳石室横、白雲小屋のほか、最近ようやく設置されたトムラウシ山へ向かう林道の終点と沼の原への登山口など数カ所のみ。阿地会長は、

「これらの問題は早くから指摘されてきています。営林署、環境省などとも相談してきたのですが、行政自体でも把握しきれずに対応が遅れています。つまりは、予算

付けがされていないのです。登山客らの意識としては、自分たちが利用するものなのですから、入山料などを維持管理費などの一部として負担することに、あまり異論はないのでは」

と話し、今後に期待をかけていた。

だが、入山料徴収については今後なお論議が必要のようである。入山料徴収ですべてが解決するわけでないことは確かだからだ。

根本的な解決策としては、海外のように恒常的なトイレの設置とヘリコプターなどによる運搬費予算化が必要と見るのが一般的である。

りんゆう観光は、エコツーリズムに会社として大きく関わってきている。植田社長は、

「うちとしては自然を損ねず、自然との触れ合いを大事にする登山ツアーを主としています。その経験から言えば、北海道の山は欧米に比べると、まだまだ手つかず過ぎるくらいです。欧米の山では、必要なところにはトイレなどがきちんと整備されています。知床や日高などにはあまり手をつけない方がよいでしょうが、大雪山の黒岳からトムラウシなどのような銀座通り的なところには、トイレ施設は必要だ

と思います。つまり、ここは不必要な地域、ここは必要な地域と、具体的に細かく検討して対策を立てるべきと思います」

と語り、欧米との比較でエコツーリズム環境の立ち遅れを指摘していた。

これに関して道は二〇〇二（平成十四）年末、大雪山系の環境保全や安全対策を検討するため庁内に「大雪連山共生プロジェクト会議」（座長・磯田憲一副知事＝当時）を発足させ、条令制定をも視野に入れたモデル策定に着手した。

ここでは、初心者登山者らのマナー低下、無謀登山による遭難の増加、登山道の荒廃、し尿などによる環境・生態系の破壊などをテーマに抜本的な解決策を探って行く方針だ。それは、これまでの「携帯トイレ」無料配布やバイオトイレ設置では、とても問題解決にはならない、との判断が根底にあることを示している。

◆盗掘問題にも目を光らせる必要

人が山に入ることで心配されることの大きな一つが盗掘だ。特に、貴重な高山植物を根こそぎ掘り返し運び出すプロの仕業が多い。一般の登山客ではそんなに大規模なものはないが、自宅の庭用にと、ついリュックに入る程度の植物を失敬するケースがあるという。いずれにしても、それらは山岳会やパークレンジャーの頭を悩まし続ける問題なのだ。阿地会長も、これまでに盗掘跡を何度も目の当たりにしているそうだ。特に、年を経た低木の高山松の被害が多いと言う。

ロープウェイやリフトが建設され、かなりの標高地域まで手軽に登山できるようになった。そのことにより、それまでは手の届きにくかった貴重な植物が様々な被害を受ける確率が増えたことは否めない事実であろう。それらの施設はしかし、登山客らにとっても大変大きな便利性を供与してきた「功」も大きい。「罪」ばかりをあげつらうわけにはいかないが、利用客のマナーに帰する問題として考え、対処していく必要があるだろう。

◆関係機関の対応にはまだ遅れ

小野北大教授らがエコツーリズムについての各種の研修を繰り広げ、ガイド方法や北海道としてのエコツーリズムの特色などについて論議を深めている一方で、関係する自治体や環境省、森林管理局といった関係機関はどのような体制づくりを進めているのだろうか。

林野庁業務課国有林野総合利用推進室からは当時、

「特にエコツーリズムのために用意した資料というものはありません。私どもでは従来から国有林に親しみ、自然の大切さを理解してもらうための事業を進めてきていますが、そうした観点での活動は今後とも続けていく方針です」

という回答が返ってきた。

北海道森林管理局にも聞いてみた。

「特にエコツーリズムの関連では具体的なものは考えてはいません」

また、上川町の出先事務所にも取材したが、担当管理者は、

「特にここでは対応していません」

という回答だった。まだこれから、というところなのだろうか。

さらに、西事務所にも聞いてみた。

「東京サイドではエコツーリズム対応の事業などをやっていると思いますが、北海道としては特にやっていません。ただ、自然体験とか森林に親しむことなどについては従来から手掛けてきていますし、大雪山上川地区登山道推進管理連絡協議会というところで関係する行政機関が随時トイレや歩道整備などについて話し合いを続

けてきています。つい昨年（二〇〇二年）も、黒岳のトイレのあり方について話し合い、必要だろうとのことになり、今後どこに作るか、を検討していくところです」

これらの他に、大雪山地区では自然公園指導員連絡会などもあり、エコツーリズム普及へ向けての「受け皿」論議は始まったばかり、とみてよい。

◆過剰利用へも警告

山岳国立公園の抱える問題点の一つとして指摘されるのは、混雑時期が極端に偏ることである。つまり「過剰利用」なのだ。入山で混雑する日が限定されるため、屎尿処理やゴミ処理、さらには植生への悪影響といった自然破壊につながることになる。

こうしたことへの対応策として、環境省は自然公園法を改正し、二〇〇三（平成十五）年四月一日から、知床や日光、尾瀬で立ち入り制限の「利用調整地区」を設け、入る場合には最高で千円の手数料を徴収すること、特に貴重な生態系が残る地区は一日に入る人数、立ち入れる日数も決めることとした。

また専門家らからは「国立公園の自然保護は景観保護に重点が置かれており、生物の多様性など生態系の保全への視点が欠けている」との指摘もされている。

一九九三（平成五）年、わが国は生物多様性条約を締結し、一九九五（平成七）年にはそれに基づき国家戦略をとりまとめている。だが、まだ具体化はされていない。レンジャー不足をはじめとして、実施するための人員的手だてがまだ遅れていることも事実だ。パークボランティアもさらに増員しないと、条約の精神を実践していくのは無理であろう。

いかに自然に対しローインパクトな形で国立公園を利用した自然体験ツアーをするか、あるいは逆に貴重な自然の残る地区については一切人を入れないルールとマナーづくりの徹底など、新しいツーリズムの潮流については、環境行政をはじめとした多くの人の知恵を結集し、商業主義に陥らないよう見守っていく必要があろう。

◆行政の機能や機構も変化

最後に、国有林の管理をしている林野庁と環境省の最近の関係の変化も見ておく必要がある。それは現地の自然保護官事務所へ、林野庁で勤務していた人たちがかなり出向していることである。これは林野庁の機能的な変化だ、と指摘されている。

つまり、二〇〇一（平成十三）年、林野庁は国有林をもっと積極的に国民に開放し、従来の森林生態系保護地域を核として「緑の回廊」構想を進める方針を決めたのである。これは、生物の多様性の確保に努めようとする考え方に立脚するもので、これまでの木材生産を主軸に考えていた林野庁の仕事から、森林管理や貴重な自然の保護の仕事へとウェートを変えたことを意味するわけだ。

例えば、北海道ではかつて知床で森林伐採問題があり、地元や自然保護団体が反対したものの伐採を強行するという事態があったことを記憶している人は多いだろう。この当時の林野庁の方針からすると、国有林は木材生産の場として考えており、それによって財政再建を進めたのである。だが、今回の方針変更によって、その知床が大雪山とともに、この「緑の回廊」構想に設定されているのである。

林野庁と環境省の仕事が、かなり同質化してきたのである。これにより林野庁の「余剰人員」が環境省の出先事務所などに配置され始めている、ということのようなのだ。だから一部には、省庁再編でこの二つの官庁を合併した方がよい、という意見も聞かれるのだが、一理ある。いずれにせよ、今後、国有林の管理のあり方などについては、エコツーリズムの普及とともに国民の意見を広く採り入れて議論をしてもらいたい、と思う。

※表記について～プロローグから第五章までは「当時」や（当時）を追加し、「～する」を「～した」と過去表現に改めたが、全般的には手を加えなかった。

第六章

その後、結末および十年後

低迷する観光の立て直しへ

◆提起した問題を検証する大切さ

北海道を代表する観光地・層雲峡。歴史の古い商店街を活性化し、観光地全体としての底上げを図ろうと実施された「プラン65」は、巨費を投じたものの、十年経過してもその経済的な効果は現れていないと言える。景気の低迷もさることながら、「プラン65」事業を進める上の「りんゆう観光排除」という事態が地元の亀裂を大きくし、観光地が一丸となる力をそぐ結果を引き起こした、と言える。

そのいきさつを取材してからも、私はいつも層雲峡のことが気がかりだった。この種の著書を出した者としては、実はそのままその後のことにつきレポートしなくとも、何らそしりを受けることはないのだが、それでは私が常に批判してきた「役人のやりっぱなし」と同じだ。性質は異なるが、「かんぽの宿」の事例と同様に無責任になる。

層雲峡で生活を続ける人たちと、なるべく同じ視点に立って物事を考えてみようと、私は取材を始めた十年前から思っていたので、今回もスムースに行動を開始した。以下はその報告である。

◆しばらくは「冷却期間」

層雲峡黒岳ロープウェイ駅舎横の駐車場スペースをめぐる問題は、この本が出版された二〇〇三（平成十五）年五月以降もなかなか動きは出なかった。

現地の環境省事務所のレンジャーからすると、りんゆう観光側に対するかなりの感情的なしこりがあっただろうことは予想されるし、地元商店街からも進んでは同問題の早期解決を図るべく尽力しようとの動きも出ず、いわば静観視する雰囲気だったと言ってよい。

町もとりわけ解決を促進する動きを示すわけでもなく、環境省の方に顔を向けていた、という姿勢だった、と関係者は言う。

ただ、水面下ではあったが、事態を憂慮し、りんゆう観光の主張に理解を示し、それとなく行政に働きかけをする動きもあったようだ。

そうした動きに「私どもは励まされました」（植田社長）と話している。

全て緑地として整備するとした「プラン65」計画は、そもそも歴史的にも地元に深く関係するりんゆう観光側の要望や意見が全く入っておらず、当初環境省側から示された直後、りんゆう観光はすぐにその旨を要望・意見書として提出している（後掲資料）が、環境省側からは何らそれへの回答はないままであった。

こうして最初の事業を始める段階での「ボタンのかけ違い」（植田社長の弁）は、以後地元とりんゆう観光間のみぞを助長し、問題解決をズルズルと遅らせていくことになった。

国道沿いにコンクリート造りの立派な駐車施設を建設したのだから、ロープウェイ駅舎横の駐車スペースはいらない、とする環境省・地元商店街側に対し、りんゆう観光は利用客の不便は目に見えており、自社にとってはまさに「死活問題」である。これはロープウェイ利用に限らず、駅舎隣の層雲峡ビジターセンターの利用にも関係することは必定だ。

この問題解決を先延ばしにしたままの閉塞状況を打破しなければ、地元の一体化は図れない。奇麗な町並みとなった層雲峡商店街の「活力」は逆にそがれてしまう。

私は取材を進める中で、そもそもこれからの高齢化社会における観光地のホスピタリティーとして、国道の低い位置から傾斜のきつい坂道を商店街やロープウェイ駅舎まで歩かせるという発想自体に疑問を持った。高い地点のロープウェイ駅舎の位置までは、りんゆう観光が業者に測量させたところ、通常のビルで言えば八階に相当する高低差であった、と聞いた。コンクリート造りの駐車場から観光客を歩かせるという発想は、高齢者社会で観光客を迎えるという点においてはいかがなものか、と問いたいのだ。

この著書が出版された翌年の二〇〇四（平成十六）年三月になり、北海道新聞（道北版）がこの駐車場問題を取り上げ、六段を使って大々的に報道した。担当記者がわざわざ札幌まで出てきて、私にも取材や出版までのいきさつなどを取材した。そして駐車場問題に揺らぐ層雲峡の現実につき、さらにキチンとレポートした。

こうした報道を受けて、環境省側も何とかしなければならないところに追い込まれていったことは、想像するに難くない。

◆層雲峡地区の活性化検討する会発足

「プラン65」竣工後の層雲峡への観光客の入込みが、年々減少していることも、巨額な税金を投じた工事をした官庁としては、気になることだったと思う。地元がバラバラだったり、反目していたりすると「活性化の知恵を」と言っても、力が結集できないのも隠せない事実だ。

さらに「冷却期間」を置いた二〇〇五年三月になり、環境省が主導した「平成十七年度大雪山国立公園層雲峡集団施設等整備方針（将来構想）策定検討会」が立ちあげられた。

設置された検討会メンバーは次のように各界各層から選ばれた。

道開発局旭川開発建設部の企画、治水、道路、地域振興各部、上川中部森林管理署、道上川支庁(現在総合振興局)、上川町、環境省北海道地方事務所、層雲峡ビジターセンター、層雲峡観光協会、層雲峡温泉旅館組合、層雲峡キャニオンモール商店会、同モール活性化プロジェクトチーム、層雲峡町内会、りんゆう観光、道北バス、上川夢大使。

事務局は上川町企画商工観光課と環境省の地元自然保護官事務所、ライブ環境計画に設置された。

これに対し、植田社長は「うちがメンバーに加えてもらえたことは大変うれしいことだ」と率直に喜びを表す。

◆見えぬ「プラン65」効果にあせりも

こうした各界各層からの人選については「層雲峡観光の落ち込みへの危機感の証であり、環境省のあせりも見て取れる」とする声も聞かれる。

巨額の資金（税金）を投入した後の効果（いわゆる費用対効果）の検証は、税金が無駄に使われていないかという市民の視点が認識されて、いずれの場面においてもなされるようになってきたが、こうしたことに対する環境省側の神経も敏感にならざるを得ないだろう。それを反映したのが、さまざまな分野からもメンバーを追加している点だと、指摘しているのだ。

事業の竣工後地元で開催されたシンポジウムのことは、九十五頁でも触れた。「魂はこれから入れる」という項目だが、「共有」とか「共働」「協力」といった聞こえのいいことばがパネラーから発せられ、駐車場問題をそっちのけにした事業の成功を祝賀したセレモニーだった。それ故に、いやそうだからこそその後の地元での感情的しこりは解消しないまま、花ものがたりイベント期間に取材した時も「やる者だけがやっている」と商店主は冷ややかに話していた。

地元が一丸となれないから、観光客の滞在時間も短縮され、客離れが進む。まさに地元での感情的なしこりは、ホスピタリティーにも響き、マイナス効果になっていくのだと思う。

確かに全般的な「景気の悪化」など言い訳はいろいろできるが、喉に刺さったトゲのように駐車場問題は引きずったまま。そして年々入り込み観光客数は減少していく。「こんなに素晴らしい商店街になったのに、どうして」と暗澹とした商店経営者らの苦闘は続く。そのあたりを気遣いしてわだかまりを解消させようと世話をやく人材も見当たらなかったのも、残念ではある。

十年前、私が取材を始めた時には、地元大手の本間興業が倒産、経営する二つのホテル（そのうち一つは以後も経営が続けられた）の経営が行き詰まった。既にこの時点で全般的な景気状況は良くなかった。だから「プラン65」竣工後も景気が良くなり、続々と客が来るという環境にはなかったし、以後も長期低落景気であり、デフレスパイラルが依然として続いている。

しかし、そんな中でも知恵を絞って地元が一丸となり観光客誘致に成功しているところは、全国を見渡せばいくらでもあるのだ。

◆地元では先行きへ危機感も

私はその後層雲峡の実情を検証すべく、昨年春から今年の春にかけ、現地取材に入り、岩崎幸一副町長や環境省の現地事務所、観光協会の若手スタッフらに取材した。さらに札幌の環境省の出先事務所にも取材を申し込み、応じてもらった。

層雲峡観光は、地元の駐車場問題でゴタゴタしている間に、観光客の入込数は確実に減少していた。次の年次観光客の入込数の統計（表1と2）をご覧いただくと、右肩下がりであることがおわかりいただけると思う。

皮肉にも七十億円以上もの巨費を投入し、素晴らしい層雲峡商店街の街並みが完成してから、徐々に減少傾向を示しているのだから、関係者らにとっては、いろいろ観光PRを続ける努力をしているのだが「妙案なし」と言ったところだろう。

同商店街で融資を受けて、心機一転「売り上げを伸ばそう」と考えていた経営者

表１　観光客入り込み関係調査（入り込み数）

（人）

年度	層雲峡	高原温泉	愛山渓	計
1987(昭和62)	2,632,611	10,518	11,848	2,654,977
1988(昭和63)	2,646,584	26,109	11,216	2,683,909
1989(平成元)	2,861,534	22,790	13,234	2,897,558
1990(平成２)	3,003,001	24,322	14,611	3,041,934
1991(平成３)	3,114,153	24,938	15,681	3,154,772
1992(平成４)	3,036,555	24,693	12,294	3,073,542
1993(平成５)	2,857,382	26,180	10,911	2,894,473
1994(平成６)	2,799,081	23,450	10,326	2,832,857
1995(平成７)	2,810,151	23,576	10,649	2,844,376
1996(平成８)	2,751,162	21,045	10,362	2,782,569
1997(平成９)	2,825,550	26,042	10,288	2,861,880
1998(平成10)	2,817,740	22,285	10,683	2,850,708
1999(平成11)	2,842,574	17,282	11,097	2,870,953
2000(平成12)	2,658,595	19,110	11,198	2,688,903
2001(平成13)	2,666,886	18,490	7,658	2,693,034
2002(平成14)	2,608,315	20,350	8,006	2,636,671
2003(平成15)	2,532,442	28,908	8,139	2,569,489
2004(平成16)	2,510,395	29,598	8,473	2,548,466
2005(平成17)	2,506,833	24,090	7,686	2,538,609
2006(平成18)	2,527,730	21,603	6,241	2,555,574
2007(平成19)	2,472,959	20,544	5,962	2,499,465
2008(平成20)	2,293,418	16,796	4,762	2,314,976
2009(平成21)	2,087,333	17,079	4,626	2,109,038

表２　観光客入り込み関係調査（宿泊者数）

（人）

年度	層雲峡	高原温泉	愛山渓	計
1988（昭和 63）	883,638	1,934	2,668	888,240
1989（平成元）	963,686	1,608	2,285	967,579
1990（平成２）	1,003,784	1,519	2,567	1,007,870
1991（平成３）	1,130,398	1,690	2,968	1,135,056
1992（平成４）	1,108,030	3,157	2,705	1,113,892
1993（平成５）	1,066,311	3,279	2,738	1,072,328
1994（平成６）	1,058,821	2,928	2,316	1,064,065
1995（平成７）	1,042,967	2,610	2,915	1,048,492
1996（平成８）	993,452	2,531	2,780	998,763
1997（平成９）	1,030,084	2,475	2,295	1,034,854
1998（平成 10）	1,007,168	2,729	5,157	1,015,054
1999（平成 11）	1,034,306	2,553	1,782	1,038,641
2000（平成 12）	954,734	2,435	1,751	958,920
2001（平成 13）	969,705	2,333	1,697	973,735
2002（平成 14）	924,363	1,880	1,642	927,885
2003（平成 15）	852,445	1,974	1,549	855,968
2004（平成 16）	846,609	2,212	1,375	850,196
2005（平成 17）	873,581	2,562	1,249	877,392
2006（平成 18）	907,958	2,676	1,312	911,946
2007（平成 19）	889,773	2,470	1,173	893,416
2008（平成 20）	826,796	2,653	993	830,442
2009（平成 21）	753,863	2,427	1,012	757,302

（上川町調べ）

らは、以後低迷の続く観光客減少に、ひたすら経費節減と検約生活を強いられる実情だ。

「黒岳の湯」も入るキャニオンモールでイタリア料理店経営を続ける平松学さんも「この十年、どうにか経営を維持してきました。私と従業員の二人ですから、最低限の線で維持できています。定期的に来てくれる地元の常連客の皆さんのおかげです。観光で来て食事をするという人は少ないです」と話す。

平松さんとともにかつて地元素材を使用したメニューを考えたりしていた若手経営者二人のうち一人は、層雲峡から出てしまった。

もちろん問題を提起している黒岳ロープウェイにしても、利用客数の減少には頭の痛いところは変わらない。

りんゆう観光の地元職員は「こちらに宿泊し、朝に出発する観光客の利用のために、ロープウェイの夏場の営業を午前六時からにしています。全般的な利用客数もピークからすると二、三割は減っています」と話している。

ロープウェイ駅舎隣の層雲峡ビジターセンターにしてもほぼ同様の傾向を示しているし、「黒岳の湯」の入浴客数についても支配人の若松章彦さんに聞いたが、減少

閑散とした国道沿いには売物件の看板が立つ

傾向はほぼ同じだ。ここでは町民には優待入浴券を配布したり、町内の商店などには割引券などを配置して利用促進を図っているのだが、顕著な効果は見られないようだ。

全般的な景気低迷や円高、そして二〇一一年は三月の東日本大震災と福島の原子力発電所事故などのマイナス要因が、次々と追い打ちをかける格好になっていることは否めないだろう。

加えて高規格道路が延伸したことで、町内の国道39号線に下りてくる車が減少したことと、道東道ではそれまで繋がっていなかった夕張と占冠間が開通し、十勝・帯広方面への利便性が大幅に向上したことも旅行客の流れを変化させた大きな要因だ。十年前には林立していた国道沿いの「ラーメン日本一」ののぼりが消えてしまった。そして店も閉店し、空き店舗は「貸店舗」の張り紙表示が出ているのだ。

町内で店舗を構える料理店主は「延伸前だと結構町内で外国人の姿を見たけど、最近はたまあにしか見ない。町内に入って来る客が減ってしまった」と嘆息する。

層雲峡商店街の中にある老舗温泉旅館「銀泉閣」も二〇一一年春、遂に経営が立ち行かなくなり、競売で横浜市に本社のあるホテルが落札、経営が替わった。前の経営者は、「プラン65」を推進したリーダーの一人だった。

また、もう一人のリーダーだった層雲峡商店街の畠会長（当時）も体調を崩し、キュニオンモール内のラーメン店を閉鎖していた。

十年前の本間興業、そして十年後の銀泉閣。それは北海道を代表してきた層雲峡という観光地が、苦しみもがく姿なのではないか。私にはそう思えてならない。目に見えて町の観光が衰退しているし、町内に落ちていたお金も減っていることを取材を通し実感した。

◆二本の観光の柱・旭ヶ丘開発始動

こうした観光全般の長期低迷傾向に危機感を持った佐藤芳治町長ら関係者は、上川町の将来へ向けた基本的な構想づくりが必要として、各界からの声を集め二〇一一年三月に「旭ヶ丘開発」計画を策定した。

それは観光立町を目指すには核としては従来の「層雲峡」一つよりは「旭ヶ丘」を開発し二本の柱を築くことにより、地域を活性化し、滞在型やグリーンツーリズムにも対応できる魅力的町づくりをしていくことが不可欠だとの考えが基本にある。町関係者は「旭ヶ丘開発は平成二十年に就任した佐藤町長の公約です」と話す。

どこの自治体も財政難にある中、始動したこの大規模事業でも効果を点検し、五年ごとに事業の進捗などを見直していく手法を導入しているのが特徴だ。

◆産業クラスター構想のもと

今年四月、佐藤町長は無投票で二期目となった。旭ヶ丘開発関連予算も約十億円規模になり、現在はレストランとフォレストガーデンの基礎的工事が進められているところだ。

地元で生産されたものを地元で消費する、いわゆる「地産地消」が、余計な経費をかけずに美味しいもの、安全・安心なものを食べる近道であるが、近年は地元の第一次、第二次、第三次産業間で密接な連携をとりながら地場振興を図る「産業クラスター」の考え方が各地で実践されてきていることは先に触れた。

上川町でブランド化した大雪高原牛が、地場であまり消費されないことについては百三十五頁でも触れた。流通の仕組みがネックになっていると言われている。そうしたことを乗り越えないと、産業間連携はうまくいかないし、幅をもった地場振興にはならない。

今、上川町では新たに「渓谷味豚（ミトン）」を売り出し中だ。

上川町内の寿司店やラーメン店、地元食材のメニュー開発に積極的だった佐藤信治さんの層雲峡の食堂でも味豚定食や味豚丼を提供している。ラーメンについてはだしを味豚の骨から取っているというところもある。

私も食べてみたが柔らかくて美味しかった。ただメニューにしている店の店主によると仕入れ値が高い、と言う。まだ町内でどこでも食べられるというものにはなっていない。

さらにこの豚を飼っている養豚業者は一軒しかなく、個人ブランドの域にとどまっている。これが消費拡大となるとどう対処していくかが今後の課題となる。

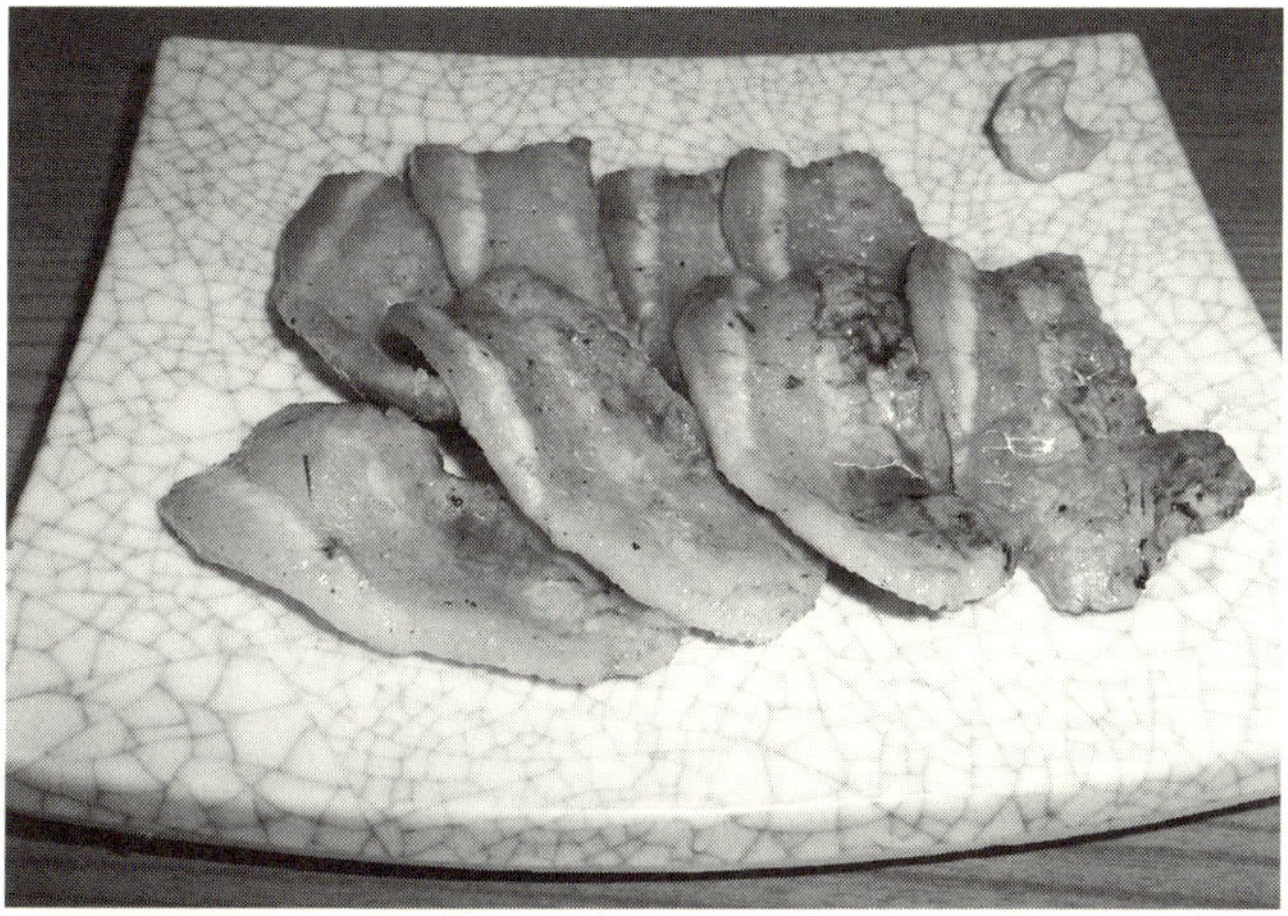

味豚の焼き肉＝しばやま食堂

「渓谷味豚」　とんかつとハムの定食＝鮨の白扇

産業クラスターを進める上ではこうした流通の壁や価格面をどう解決していくか、個人ブランドを地域ブランド化へもっていけるか、が検討されていく必要がある。この点につきJA上川中央支所長で、旭ヶ丘地区活性化計画策定委員会委員長でもある端場誠二さんは電話取材に対し「大雪高原牛については旭ヶ丘開発でつくられるレストランでも供給できるように検討されていくだろう」と話している。上川町企画総務課の渡辺敏雄政策推進室参事も同開発が産業間連携（産業クラスター）を念頭においていることを認めたうえで「ミトンについてはさらに養豚農家を増やしていけるのか、まだ何とも判断はつかないが、消費拡大の動向を見ながら検討していくことになるだろう」と話している。

◆開発される旭ヶ丘地区の位置

旭ヶ丘は国道39号線を層雲峡に向かう途中、石狩川の東側の高台エリアである。地区全体で面積は約八百ヘクタールと広い。そのうちで町有地が約四十五ヘクタールあって、今回「旭ヶ丘開発」として計画されるいろいろな事業は、このエリアで展開する予定だ。同地区は「昔はよく熊も出た」と言われる一帯でもあるが、高規格道路がその一帯を横切って開通し、雄大な自然の中、同町の新たな観光資源としての掘り起こしが始まった。

既に十年ほど前にはJA上川中央が主体となって農業施設「ベレル」が同エリアにオープン（冬期間は休業）している。このエリアで地場生産された野菜や畜肉などを、一流シェフによって手を加え、提供するとともに、体験と宿泊も可能なレジャーゾーンを建設することなどの内容で開発される。

このエリアに町内外から人を呼ぶことができれば、一足伸ばして層雲峡へ、という相乗効果も狙えるだろうし、町内での買い物など経済的なプラス影響も期待される。

昨年「オーベルジュ」（レストランとコテージ）がオープン予定だったが、メインとして考えていたシェフが東日本大震災により、来町できなくなったため、現在レストラン計画に遅れが出ている。

その後の交渉により増毛町出身の三國清三シェフの協力が得られることとなって、二〇一三年中にはオープンできるのではないかと、町関係者らは安堵しているところだ。

また、「ベレル」については全体の総合施設的性格のものとして改修が進められるもようだ。

◆ベレルの位置づけは変更

同地区ではすでに冬期間以外に「ベレル」がオープンしている。レストランと農産品販売所としての機能と集会所としての機能を持つ施設であるが、旭ヶ丘開発の中での位置づけは「総合案内所的なものになると思う」（渡辺参事）と変更されるようだ。

開発構想では、順次ガイドツアー企画やフォレストガーデン、ガーデンセンターなどをオープンしていく予定だが「五年ごとには経済状況などを考え、事業の見直しをしていく」（渡辺参事）と巨費をかける事業だけに失敗は許されない決意が、感じられる。同開発のコンセプトでも「急がず、焦らず、十年くらいかけて整備」、「景観になじんだゆっくりとした時間と小さくても意味のある施設が必要」など「ゆっくリズム」を前面に出している。

層雲峡を通過地とする道東の観光地でも観光客へのアピール作戦は、工夫されてきていて、なかなか層雲峡に立ち寄る客の増加へとつなげる妙案はないが、じんわりと上川町の「観光力」を付けていくという作戦と見られる。その先にはこれまで層雲峡一本だった観光立町の柱が、二本となり町の経済の支えになっていくという構想が描かれている。

◆開発計画へは批判も

同開発では「旭ヶ丘地区活性化計画策定委員会」が設置されたが、ここでも委員のメンバーには各界各層から多彩な人材を選んでいる。農業が機軸となっているので、JA上川中央役職者、森林組合役職者、商工会役職者、観光協会役職者（後出の西野目智弘氏もメンバー）、教育委員会と教育者の代表、飲食組合役職者、岩崎副町長に公募した委員も入っている。

三國シェフの協力が得られることとなったとする報道後、私は現地でその反響について住民らに話を聞くと「三千円ものランチを町民が食べに行くだろうか。町外からと言ってもそうたびたびは食べに上川まで出かけてくるだろうか」と疑問視する声もあった。

まだ完成前だから、どのような魅力あるものになるのか、未知数であり、どうやったら魅力をアップできるのか、委員らの知恵に期待するところが大である。

◆常に見直し、検討することの必要性

これまでどちらかと言うと「中央依存」と批判されてきた大規模事業。国立公園という制約下での観光開発事業には、各種の届出と許可が必要とされ、環境省が主導だった本著の「プラン65」などはその典型で、巨費が投入される事業に、青息吐息だった地元が乗っかったことにより、駐車場問題は別として比較的スムースに進めることができた。

だが、その十年後は既述したように愕然とした現状にある。

観光客数の落ち込みが響いて、層雲峡商店街では、廃業した店や民宿、経営者が交代した所、営業を何とか持ちこたえようと経営者らが並々ならぬ努力を続けているというのが実態だ。そうした事態を単に「自己責任」と言ってのけることができるだろうか。主導した環境省の責任はないのだろうか。

私は国が進めてきた各種の大規模事業について、いつも疑問を持ってきた。年金

の金で作った大規模な温泉施設建設はどうなったのか。水のもれる大規模ダムの責任はどうなったのか。自然を破壊してから、気づいて元の川の蛇行を復元したケースもある。いかに無駄に税金が捨てられてきたものか。私はいつも取材しながら、こうした考えが頭に浮かぶのだ。

層雲峡の町並み改造計画自体は、老朽化対策から取り掛からざるを得ない状況だったことは、歴然としていた。だが、その事業計画自体は果たして適切な規模だったのか、の検証をすべきだろうと思うのだ。

◆危惧する声にも耳を傾けて

また、銀河・流星の滝の駐車場に建設された休憩舎（売店）にしてもいろいろ批判が聞かれた。一億数千万円をかけた施設だが、最初に入ったラーメン店は間もなく出て、現在はそば店が入っている。これとお土産店だが、当初町が業者に説明したところによると「年間のテナント料が六百万円だから、売り上げは最低でも数千万円はある」だった。しかし、早朝に層雲峡に宿泊した観光客は朝ごはんを済ませてから銀河・流星の滝を見るのだから、そこでラーメンはまず食べない時間帯だ。

銀河・流星の滝の売店（休憩舎）

道東から来て立ち寄り、層雲峡に宿泊する観光客も、間もなくホテルで夕食となるのだからそこでラーメンやそばは食べないだろう。どうしてそんなべらぼうな売り上げを見積もったのか、とあまりの杜撰さには呆れる。

旭ヶ丘開発についても似たような批判の声を聞いた。

「旭ヶ丘開発で作るレストランにしても、呼び込める観光客数は机上のもの。町議会で計画を通すための数字でしかない」と町内の商店主の一人。

「町議会でも賛否が分かれ、議長採決によりようやく通ったと言う計画だから、いかに疑問があったかがわかる」と言う人も。

また「町はコンサルタント会社のつくった数字ばかりを信じ込んでいる。層雲峡にしてもそうだった」と事業の推進側にしか耳を貸していないと批判する商店主もいた。

批判が多ければ、多いほど町政を執行する側は、無視を決め込むのではなく、じっくりとそれらに耳を傾ける度量が必要だと思うのだ。

新しいコンセプトによる「旭ヶ丘」建設。町政批判派の厳しい声もしっかりと受け止め、失敗しない町づくりを進めていってほしいと願うものである。

◆辛抱強く続けられる観光PR

町や観光協会などは、従来から続けている海外への観光地・層雲峡のPR、道内、国内各地での観光キャンペーン行動を地方のブロック単位でも積極的に展開してきた。町の観光関連予算も年間四千万円ほどかけてきている。昨年は札幌市内の中心街で、層雲峡観光協会は同様に観光客入込みが著しく落込み、危機感を持つ北見市おんねゆ温泉観光協会と合同で観光キャンペーンを展開した。その後も層雲峡までのワンコイン送迎バス企画を実施してきている。その効果も幾分出てきているのだが、バブルの時のようなさらなる盛り上がりとまではいかないのが、現実だ。

そのおんねゆ温泉では、今年「山の水族館」が話題を呼んだ。七月にリニューアルオープンした同水族館は三カ月で十四万人以上の入館者を記録した。国内最大の淡水魚のイトウや北海道内の河川水域に生息するいきものたちを展示し、滝壺の下から見上げる水槽、凍る川の水槽など世界初の水槽を導入した工夫のたまものと言える。

どこの観光地でも関係者らは知恵を絞って「差別化」をはかり何とか集客力をつけようと苦心しており、隣の観光地のおんねゆ温泉と言えども層雲峡にとっては今や強敵である。

ともに競い合って両方の観光にプラスになる戦略と作戦を考えて行くことも必要だろうと考える。

知恵を出してすぐに効果があるものとそうでないものもある。

道内観光地でホテルを経営する野口観光では、札幌から層雲峡への無料バスを既に十年以上前から運行している。同社の支配人は「無料バスの利用は冬が多く、夏はマイカー利用が主で利用が落ち込みます。それで夏については運行を止めようとの声もありました。しかしトップの判断は継続すべしでした。続けてきたことにより、お客さまからの信頼を勝ち得ることができ、安心なバスを利用する人が増えました。層雲峡観光協会では、補助がついたから昨年ワンコインバスを実施したのでしょうが、効果についてては疑問で、もっと状況をいろいろ分析したうえで、事業に踏み切るという姿勢が必要でしょう。生きたお金の使い方をしてもらいたいと思います」と話している。

体力のあるところでできること、協会という単位でできること、協力しあえることとそうでないことなど、すりあわせをしっかりとして、相乗効果の期待できる効率的な事業の実施を目ざしてもらいたいものである。

観光客の意識と行動も変化してきた。特に海外客は観光地での飲食や買い物を節約することを徹底している傾向にあり、地元商店街での各種の消費拡大は多くを望めないのが実情のようだ。

層雲峡観光協会関係者は「やはり沖縄に客が流れている」と言うが、情報発信については決して負けていないという意識と自負を持っている点は心強く感じられた。

◆髙梨沙羅選手を活用し世界にPRを

長野五輪のスキージャンプ団体で金メダルを取ったチームメンバーの一人・原田雅彦さんは上川町の出身で、彼の使用したジャンプスーツやスキー板など道具類は層雲峡のキャニオンモールに展示コーナーがある。層雲峡を訪れるたくさんの観光客に見てもらいたいもののひとつであるが、観光客数が減った現在は、立ち寄る人も少なくコーナーは寂しげである。

原田さんに続くのが、今世界の女子ジャンプ界を騒がせている髙梨沙羅さんだ。国際大会で常に一、二位クラスに入賞していて、その安定性、高い身体能力には絶大な評価がされている。

二〇一四年の冬季五輪はロシアのソチで開催される。ここでジャンプの女子競技は正式種目となるが、髙梨選手はまさに「メダル候補」の筆頭なのだ。

私が上川町に取材に入った二〇一二年二月、丁度同日、札幌で大会があり、髙梨選手が圧倒的な成績で優勝したが、午後六時ころには同町で花火が打ち上げられた。JR上川駅を降りるとすぐ髙梨妹兄の名前（沙羅・寛大）である「SARA・KANTA」の大きなステッカーが貼り出されていて、それは町内の各商店などの店頭

JR上川駅舎正面に大書きされた高梨沙羅選手の応援看板

でも同様だ。町民が一丸となって応援しているのだ。町内には「ラーメン日本一の会」ののぼりに代わって高梨妹兄の名を書いたのぼりも立てられていた。

今や高梨選手の知名度は世界的であり、逆に言うと「高梨選手は上川町の観光大使的役割で、世界の大会を転戦している」と言えよう。

原田選手を育てた環境を知るために、高梨選手の強さの秘密を探りに今後同町を訪れるスキー競技関係者を含めた外国人も増加するだろう。

そうしたことを考えた同町では、これまで整備していなかった練習用のジャンプ台（二台のうち一台の低学年用）を昨年と今年と改修・整備中だ。「これまで高梨も飛ぶ台がなく、札幌や隣町の台にでかけていた」と町関係者。整備されれば、後継者育成にもつながるだろう。原田選手の練習した台は荒廃したままだが、一つでも整備されれば、海外から見学に来る人にも案内できるスポットになる。世界レベルの選手という抜きん出た特徴を、上川町として活用しない手はないと私は考える。

◆グリーンツーリズム緩やかに進展

さて、旅行形態が集団から個人・ファミリー単位へと変化が進む中、十年前に盛んに提唱されていた「グリーンツーリズム」や「体験型観光」の進展はその後どうであろうか。端的に言うと、これがなかなか急増とはいっていないのが、実情だ。

北海道経済部観光局の調査（二〇一二年五月）によれば、これらの旅行形態として調べられているのは、自然鑑賞、花の名所めぐり、観光名所めぐり、道の駅めぐり、ゴルフ、スキー・スノーボード、温泉・保養、テーマパーク・遊園地、動物園・水族館、イベント参加・見学、産業遺産や工場見学、乗馬・ラフティングなどのアウトドア体験、工芸・農産品加工などの体験など十一項目だ。

道内、道外、外国人観光客別の集計では、道内観光客ではトップから順に自然鑑賞、温泉・保養、観光名所めぐり、特産品の買い物・飲食が多く、道外観光客では、同じ四項目が上位にランクされているが、観光名所めぐりがトップ、外国人観光客となると観光名所めぐりと温泉・保養がトップを争い、同四項目にショッピングが加わっている。北海道観光のイメージが自然、温泉、食べ物が美味しいことに集約されていることがわかるが、アウトドアや農産品加工体験などについては統計の上ではまだわずかだ。

同観光局では「家族で出かけるタイプが増えていること、しかも滞在日数が以前よりも少しずつ長くなっていること、インターネットなどを通じて宿泊先を予約などしている人が増えていることなどを考えると、宿泊先の地元でいかに体験型オプションを用意できるか、が今後のこれらの体験型観光の変化に現れてくるものと思う」と話している。

いずれにしろ緩やかに旅行の内容にも変化が現れつつあることは事実のようだ。上川町でも層雲峡観光協会の若手が中心となって、体験型観光となる観光資源の掘り起こしを進めていることは、先にも触れた。星の綺麗に見えるスポット散策や紅葉の名所めぐりなどのほかにもまだ探検スポットはありそうだ。

これらが滞在日数を四、五日といった観光客に提案していければ新たなニーズにつながるだろうし、地元の経済効果につながるだろう。そうした新たなメニューをインターネットなど現代の宣伝手法を駆使して広く観光客にアピールしていくことが重要となってきている。

◆様々な影響要因への対応は迅速に

観光に影響を与える要因も時代とともにさまざまである。十年前にはＳＡＲＳが大流行し、海外客の足が止まった。そして昨年は東日本大震災による福島第一原子力発電所のメルトダウン事故が、行楽客の足をとめた。海外からの留学生らは本国に逃げ帰ったケースもある。

そして二〇一二年八月以降は、領土問題が持ち上がり、中国・台湾と韓国からの観光客がキャンセルし、北海道観光に大きな影響が出始めている。

層雲峡のホテルでも団体客の予約がキャンセルされたケースも出た。観光地によってはかなり大きいキャンセルがあり、深刻な打撃を受けているところも出ている。

九月時点でも尖閣諸島と竹島をめぐる領土問題では、中国・台湾と韓国国内での反日の動きがすさまじいうねりとなっている。外交交渉によって沈静化させるための日本政府の素早い対応が求められているのに、年末になり政治は解散総選挙へ突入し、後手に回っている。新しい体制が発足したら速やかに対応し、危機的な関係にならぬよう、国どうしの確固としたルールを作ってもらいたいものだ。

経済情勢だけではなく、時に政治情勢、そしてSARSや鳥インフルエンザなどといった健康・環境醸成なども行楽・観光には大きな影響を与える。不可抗力と言える面もあるだろうが、そうした時には事後の対応に関心が持たれ、注目されていることを忘れてはならないだろう。素早く対応し、安全と安心が確認できるものならば、観光客の足はさほど鈍らないものである。

豊富な観光資源を持つ層雲峡の魅力を、常にPRしていくこと、観光客の信頼を得る万全の努力をしておくことは、たとえ災害や政治・経済情勢で一時的にキャンセルとなったとしても、すぐにマイナスをプラスに変えて行く力になるはずだと私は考えている。

認められたりんゆう観光の要求

◆検討会で駐車場の必要性認定

さて、各界各層からの人材により構成された活性化への検討会のその後の分科会では、主として駐車場問題が論議された。地元とりんゆう観光側の従来からの主張とが、がっぷり四つの対決色の様相だったと、言う。

だが、ロープウェイ駅舎近くのホテルや施設としては、駐車スペースを望む声もあり、「身体障害者用の駐車スペースを用意する」などとする以前から出ていた案も出されていたが、それでは少ないとの判断もあった。結論は層雲峡に入る季節全体の交通量の実態を調査したうえで、ということとなった。

◆交通量とマイカー利用者の動向調査

一年間にわたって繁忙時期を中心とした交通量調査とそれらを踏まえた分科会論議をもとに、検討会では地元の活性化のためにはロープウェイ横の駐車スペースは必要との判断となり、りんゆう観光の従前からの主張がほぼ受け入れられることとなった。

りんゆう観光の社内報「Voice of RINYU」（二〇〇六年二月発行号）では植田社長は「層雲峡観光協会役員会として、北海道索道協会役員会としての環境省現地事務所などへの申し入れも大きな力です」としており、駐車場の必要性の認識は新聞報道などを通じて広がったことがうかがえる。

◆正式に六十台分のスペースを借地契約

こうした経緯を経て、環境省側とりんゆう観光とが話し合い、二〇〇六年七月十九日になり、りんゆう観光が駐車スペース六十台分を借りる契約をすることで、環境省との間で合意が成立したのだった。

地元で生きる人たちは、いろいろな事情を抱えて生きている。ひとつの事業を進めようとした場合、地元の歴史を含め、生活実態につき慎重に調べ、不公平のないよう、不利益が一部に偏らないように十分な配慮が必要であることは論をまたない。

私は層雲峡の今回の問題は、環境省の官僚が自慢のモデル事業を進め、官僚としての実績づくりをするために急いだ、との見方もしている。継続して経営を続けたい業者には融資審査を緩くしてでもＯＫを出した。結果、事業竣工時点でもう経営続行できないところも出てしまった。それを工事全体を請け負った業者に引き取らせ、ホテルとして経営させたことは、関係者なら知っている。

「プラン65」を推進する側の理屈としては、「計画に異議を申し立てるりんゆう」を外すことで、事業はスムースに運ぶ。「全体の事業の網から緑地整備を外すことにすれば、簡単だ」という手はずを選択したのだろう。

十年前に取材した当時の環境省現地事務所のレンジャーは、異議を申し立て、要望書を提出したりんゆう観光に対して、極めて強い不快感を持っていた。取材の際の話しぶりには威圧的なものを強く感じたものだ。

十年後、同事務所を訪ねてみて、私は権威的な威圧感を感じなかった。それは女性のレンジャーだったこともあるかもしれないが、担当者が交代すればそのくらい違うものなのか、と驚きもしたものだ。観光協会関係者らに聞いても「現在のレンジャーは良く私たちの要望に耳を傾けてくれます」という話だった。

ただその女性レンジャーも二〇一二年春に異動となり、現在は若い男性が赴任している。

官民一体で知恵絞ることこそ

◆中央依存減らし、自立の力を高める

地方の活性化は国や道の事業の多寡による、との考え方は北海道では以前から良く言われてきた。北海道選出代議士らが、地元に国の事業（土木事業など）を多く持ってくることに奔走していた。

国立公園地域では、公園内での事業の許認可は厳しい。工事については景観を含め詳細に審議されている。そうした意味ではまさしく「国への依存度」は大きいものがある。レンジャーには楯つけない、との意識がかなり強かったのは、否めない事実だと私は考えている。

だが、「プラン65」竣工後、層雲峡の振興が思うように行かない現実に直面し、上

川町としては将来的に町の生き方をどうすべきか、考えざるを得なくなった。借金財政の国にばかりは頼っていられないのだ。

危機感を持ったのは将来とも現地で生活を続けて行く若手の観光関係者らに多く、層雲峡観光協会の若手らは次々とアイデアを出して、行動を開始した。昨年、インタビューに応じてくれたホテル大雪の西野目智弘経営企画室長もその一人で次のように話している。

「私はここに戻ってまだ四年です。いろいろ手を尽くしても入込数はなかなか伸びませんが、新たな観光資源を掘り起こし、イベントを始めています。星めぐりとか、紅葉の美しい紅葉谷を整備しようとか、また雲海を見ることも観光としてやっていけるのではなどと考えています。層雲峡の活性自体は商店街自体がまず活性化されていかないと、だめだと考えています。大手ホテルだけは何とか潤っていられるというのではいけません」と明確に話している。

また旭ヶ丘開発についても「私も委員として最初から関わっていますが、旭ヶ丘開発の潜在性は大きいと思います。五年ごとに見直しをしながら推進していくことにより、軌道修正もできます。いかに町での滞在時間を長くできるか、長期滞在にしてもいかにそのコンテンツを興味のある、魅力的なものにしていけるか、が私たちに問われていると思います」と上川町と層雲峡の振興に期待をかけている。

◆格安な航空路線次々と北海道に

二〇一二年三月一日、格安航空会社のピーチ・アビエーションが新千歳—関西空港間に就航した。夏にはＪＡＬやＡＮＡが設立した同種の航空会社便も新千歳空港に路線参入し世界各地から北海道に入ってくる路線数が広がり、北海道観光としては良い環境が整うことになる。いわば追い風である。

旅行する側から見ると、安全が第一であるが、料金の安いことは旅行への意欲をかきたてることは間違いないだろう。観光立道を標榜する北海道にとって、利便性と経済性の向上はまさに自然豊かで、食べ物の美味しい北海道をＰＲする絶好の機会である。

道内の各観光地としても、このチャンスをしっかりと捉えて、地元をＰＲすることが重要だ。海外観光客と国内観光客のニーズがどのへんにあるのかを的確に分析し、それにアプローチできるＰＲ策を考えて対処することは必須のこととなる。

団体旅行から個人旅行へと旅行者の行動は変化してきている。個別化したそれらニーズを満足させるコンテンツを用意できるかどうか、が、観光地の集客力に差をつけることになるだろう。

層雲峡としてもそうしたテーマに対処できる体制と、きめ細かな分析・行動が求められる。個別化したニーズという点では、既に触れたが最近よく言われる体験型をどう用意できるか、もひとつ課題だ。

◆旧「かんぽの宿」を元の自然に

役人たちの食い散らかしと言われる「かんぽの宿」。経営が行き詰まり閉鎖、廃墟と化した建物が、層雲峡の国立公園域に入る手前に放置されたままにある。これは景色が売り物の観光地としては、大変なマイナスであり、上川町としても廃墟の建物を撤去するよう、所有者側と折衝していたのだが、所有者も経営が破綻したためにどうにもできない状態となり、放置されていた。

その土地について、二〇一二年三月、競売で近接する山林所有者が落札した、と報じられた。その報道によると山林所有者は、その土地に植林して元に復元する方

壁が破られたままの旧「かんぽの宿」(2012 年 8 月)

針だと言う。

　元の郵政公社が約三十三億円もの巨費をかけて建設した「かんぽの宿」。郵政民営化で不採算部門の整理対象となり、開設から四年たらずの二〇〇六年に閉鎖された。その後ゲームソフト会社に売却されていた。何とその時の売却代金は一億七千万円だったと言われる。

　こうした損失についてはなんらの責任は取られていないことは、国民が知っている。無責任な役人たちの食い散らかし体質は、以後も年金問題や穴が開いていて水が漏れるダムの問題などにも露呈しているところだ。

　旧「かんぽの宿」を買収したゲームソ

層雲峡・大雪山写真ミュージアム外観

フト会社では再開発も考えたが、泉源が枯渇したため、再開発を断念したと言う。経営が行き詰って、同社は固定資産税の支払いも滞った。課税評価額を下げるために建物は壁面がはぎ取られ、無残な姿をさらすことになった。

土地を落札した新しい所有者の要請で、この建物が速やかに撤去され、森林が復元されていけば、層雲峡の素晴らしい自然が本来のものにもどり、イメージアップになることは確実である。

◆層雲峡・大雪山写真ミュージアムがオープン

さて、閉校となっていた層雲峡小学校の建物が、この五月一日に層雲峡・大雪山写真ミュージアムとして生まれ変わり、オープンした。商店街の中でも廃業した民宿や閉店している土産店などさびれの目立った層

ミュージアム内の展示

雲峡だが、このミュージアムのオープンにより新たな観光スポットが誕生したことになり、入り込み客の滞在時間の増加や近くの層雲峡ビジターセンターの利用増などの見込まれる相乗効果に期待される。

旧層雲峡小学校は二〇一〇(平成二十二)年三月に閉校となったが建物自体は比較的新しく、何らかの施設としての活用が、上川町として検討されていた。丁度層雲峡ビジネスセンターの裏手、坂道を登りつめた位置にある。そうした点からも観光地・層雲峡をより印象深くPRできるものとして考えられたのが、同ミュージアムである。

同ミュージアムは総面積が千五百七十平方メートルと壮大で、ここに半世紀にわたって、大雪山の四季折々を撮影し続けてきた写真家の市根井孝悦さんの写真約二百点が三つのテーマで整理され展示されていて、大雪山の魅力を満喫させてくれる。

市根井さんのファンはもとより、大雪山を愛し登山を楽しむ人たち、そして層雲峡観光に訪れる人たちに変わらぬ大雪山の魅力を伝えていくことだろう。

◆対立感情乗り越え一丸となる努力を

一九六九年に「降って湧いた」ロープウェイ横の駐車場問題は、十年もの大変な労力を費やした末に決着を迎えた。その間に地元商店街とりんゆう観光との間には、いろいろな不信感や嫌悪感も生じた。それらが活性化への様々な取り組みにマイナス影響を与えた面もあったことは事実だ。

「ボタンのかけちがい」により広がったこうしたしこりを早く取り除き、北海道の代表的な観光資源・層雲峡の活性化に一体・一丸となって取り組むことが、ますます大切になっている。

同商店街はロープウェイを建設し運営しているりんゆう観光とは、利益共同体であったはずだし、りんゆう観光を外して地元での主要な事業が進められること自体

「異常」と言わねばならない。当初りんゆう観光側に「プラン65」計画の案が環境省側から示された時に、上川町（当時鈴木文雄町長）側から同行したのは、町づくり推進室長だった岩崎幸一さん(現副町長)だ。岩崎副町長にも今年インタビューした。

この間のいきさつについては「りんゆう観光を排除したということはありません」と話し、そのように本著に書かれたことは不本意だと言う。

「どうやって緑地整備事業を、地元の要望を入れたものにするかにつきその後環境省が検討会を立ち上げたのだから（排除していない）」と続けた。あくまでも「プラン65」とは別の事業としてちゃんと進められたとの認識である。私が同時一体的に進めることの重要性を述べるのに対して、進められるところから進めるのは当然、とする認識である。行政マンとしてはそれも一面で「正解」なのかもしれない。

環境省・北海道地方環境省事務所の廣瀬勇二国立公園・保全整備課長にも、昨年秋にインタビューした。

「検討会でどういった話がされたのか、（インタビューの申し入れ後に）調べてみたが資料がなく、ただ緑地化事業計画は縮小されたと聞いている」と話してくれた。検討会での現地のレンジャーらのメモなども見当たらないと言うのである。重大な問題だったのに、汚点を残したくなかったのか、人事異動で引き継ぐべきことではなかったらしい。行政官庁としては大きなミスではないのか。

さらに同課長は「当時の商店街は老朽化していたこと、経営的にもそんなに良い状況ではなかったため、「プラン65」の整備に対しては融資という点でも地元には期待があっただろう。その点ではりんゆう観光は経営は安定していて別格だったと思う」と補足コメントする。駐車場問題の緑地整備は後回しにしてもりんゆう観光の経営は大丈夫との判断が背景にあったのではとの認識を示した。

結果としてそうした判断は「りんゆう観光抜き」での事業推進になったわけだ。

◆出先官庁も地元と一緒に知恵を

七十億円以上もの巨額な税金が投入されたという現実、そして現在まで層雲峡への観光客の入込は減少し、衰退の一途をたどっている。環境省は旧社会保険庁や「かんぽの宿」の悪例のように「やりっぱなし」にするのではなく、層雲峡の現状に対し、もっと責任意識を持って地域振興策への取り組みを展開すべきではないのか、と私は考える。

その点では、十年後の現在に至って「環境省のレンジャーは地元の要望を熱心に聞いてくれます」（層雲峡観光協会の話）と「プラン65」当時に比べると「代官」的対応はないと高評価する声が多い。

「三年もすれば異動する」「せめて自分の赴任している間はことなきように」といった役人意識が、問題を「先のばし」にし、こじらせてしまった側面は大きい、と言わざるを得ない。

地方分権が叫ばれて久しいが、国立公園を擁する町にはどうしても許可や認可権限を持つ環境省という役所は「お上」であるという意識がないわけではない。しかし、現在はお上にばかり頼っても開発予算が潤沢に地元におりてくる時代ではなくなった。知恵を出して地域の活性化を図らねばならない時代だ。

いわば、お上と地元が対等の立場で、環境省のレンジャーも地元の一員として参画して知恵を出しあって、地域振興を目指さねばならないのだと私は思う。前出の廣瀬課長も基本的にはこの考えとほぼ同じだった。そうしたことを念頭に置きながら、私は検証の取材を通して、今後の上川町と層雲峡の観光振興に期待をかける気持ちを強くした。

◆資料①《阿寒国立公園管理事務所宛ての要望書》

昭和六十二年五月二十六日

阿寒国立公園管理事務所
所長　成田　研一　殿

札幌市東区北九条東二丁目
北海道林友観光株式会社
代表取締役　植田　英隆

拝啓　北国の春もようやくすぎつつある候、ますます御活躍のこととお慶び申し上げます。平素なにかと御指導を賜り、厚く御礼申し上げます。

さて、北海道開発局によります「黒岳沢砂防工事」も始まっておりますが、当社としても工事による影響が多いため開発局旭川開発建設部ともいろいろ協議を進めている昨今となっております。工事中、工事後における環境庁所管ともなります点につきまして、下記の内容について要望致します。なお詳細や不明の点ある場合には、御説明時間は改めてとらせても戴きます。

よろしく御検討のほどお願い致します。

敬具

要望事項

一、「黒岳沢砂防工事」により発生する当社層雲峡事業所ロープウェイ山麓駅舎園地カット部分に対する園地機能と園地スペースの機能回復について配慮のほど要望致します。

二、工事中、工事後の層雲峡地区の「公共駐車場及び周辺の整備計画」につき、当社を含めた地元関係者、関係当局の声もくみあげるなか、早急に具体的なものとして煮詰めていって戴くことを要望致します。

三、大雪営林署より借地し寮及び自社駐車場用地として使用しており、現在駐車場として使用している土地については、工事中工事後においても必要性が高く今後とも使用していく予定でおります。将来とも隣接地等での障害なく、使用を継続していけるよう前項とあわせ配慮お願い致します。

四、仮移転しました当社「映月寮」の本移転先の確定にあたり、当社の考え方も御理解の上、御検討お願い致します。

以　上

◆資料②《環境庁自然保護局大雪山国立公園上川管理官事務所宛ての要望書》

平成八年十月二十一日

環境庁自然保護局大雪山国立公園上川管理官事務所
大雪山国立公園統括管理官　岡本　光之　殿

札幌市東区北九条東二丁目
㈱りんゆう観光
代表取締役　植田　英隆

去る九月十三日、当社層雲峡事業所において、上川・層雲峡「プラン65」整備計画（層雲峡地区公共施設整備構想）概要版（平成八年三月　上川町）に関し、岩崎幸一上川町まちづくり推進室長、岡本光之環境庁大雪山国立公園統括管理官などの方々から、事業所所長を含めた当社側が説明を受ける機会がありました。その説明は、当社にとりきわめて大きな影響を及ぼす内容が含まれていることを初めて知る機会でありました。

層雲峡地区公共施設整備が進められることにつきましては、当社も含めた地元関係者にとって望まれることであり、着実な推進が必要であることは論をまちません。しかしこのような重要なことは、重大な問題を見逃して事が進行してしまうことにならないよう最善の努力が尽くされるべきものと思います。

当社意見を受け止めての再検討と、それを踏まえた修正変更が必要と考えます。以下、すぐに検討を要すると判断される点につき申し入れをいたします。

一、整備構想の中では、当社事業所が大きな位置付けがなされているにもかかわらず事前の相談が行われることなく、一方的に計画が策定されているということには大きな衝撃を受けております。概要版において、預かりしらぬ当社側が策定に関与しているかのごとき表現が記載されていることには、さらに当惑させられるばかりです。

当社の意見をくみあげ取り入れるような機会を、きちんと位置づけていただかなくてはならぬと考えます。せっかくの計画の策定と進行が、当社を含めた地元関係者にとって良い結果をもたらさぬ可能性もあるのではと懸念を表明せざるを得ません。まことに残念なことです。

これからの論議検討の内容経過についても、不透明さが生じないように、手立てがつくされなくてはならないと考えます。

二、また整備構想においては、当社事業所駅舎周辺における駐車場使用地が一方的に用途変更される内容にもなっており、まず当社に直接的な不利益が発生するものとなっております。現況での利用使用状況をまったく度外視したものと言わざるをえません。

昭和五十八年の黒岳沢防災計画の構想打ち上げいらい、当社として五年以上かけ、環境庁などの関係先に対して、影響ある点の検討について要請要望を繰り返し、協議の結果現状に至る経緯となっております。さらに防災計画が進行する中、当社として環境庁に今後についての意見の聴取希望と協議の申し入れを続けてきておりました。にもかかわらず、当社の意見意向を無視した今回の構想です。

ロープウェイに関していえば、開業当時から、周辺における駐車場利用地は存在しておりました。継続的な確保はこれまでの経緯実態からして当然と考えるところですが、狭いからといっての一方的な拡充を当社から申立をしたことは現在まで一切ありません。

そのような利用状況にかかわらず、一方的な取り上げになる構想になっているのはどうしてなのかまったく理解に苦しむところです。自家用車の利用者、バス利用のツアー客をも唐突に坂道を歩かせる内容は現実的な考えとはいえません。

とりわけ、冬季スキー客に対しては、スキー靴で長距離の歩行を強いることとなれば、以前にくらべ多大の不便を強いることとなります。実質的には当社の冬季のスキーリフト営業を休止せよと一方的に強制する内容となっています。

三、概要版による二〇〇台規模の駐車場構想では、ロープウェイ周辺地域に関してさえ、現在の収容能力をかえって下回ることになります。車による来層者が、自家用車なりレンタカーなりで、増加の一途である現状を正しくとらえていないものと思わざるをえません。シーズンのピーク時の駐車状況はどこも車両であふれる状況となっています。総体的な意味での駐車スペースの抜本的な拡充強化が、公共施設整備の中でも大事な柱とされるべきと考えますが、そうした位置づけはうかがわれません。構想の中の位置づけはむしろ逆行しているものと思われます。しかも立体駐車設備が新たに建設される予定となっていますが、実情をどのように考慮しての建設なのか、経営主体はどうであるのか、採算をどう踏まえているのかの内容は一切うかがいしれないものとなっています。

概要版における駐車場変更案についてだけでも、地元関係者の考え方も認識も一様ではありません。慎重な検討整理が今後必要ではないでしょうか。

地区全体を考えての構想になっていず、再検討課題であると考えます。

四、層雲峡地区公共施設整備構想が、層雲峡地区全体を見据えてではなく、ロープウェイ施設周辺の一部市街地にのみ焦点をあててのものとなっております。その回りのホテル等との関連など地域全体にとってどうなのかが不明確な内容です。団体旅行客のツアーバスによるロープウェイ利用においても、利用者が一方的に歩かせられる事態が生じることは、利用ホテルや当社に対するクレームの発生につながり、層雲峡のイメージダウンを招来することが充分予想されます。そうしたことへの視点がなぜないのか、理解に苦しむ点であります。

五、以上申し上げたように、当社を含めた地元関係者の意見聴取は不充分、内容的にも再検討を要するものとなっています。層雲峡地域の将来を見据えたプランには、現在まだ達していないものと考えます。このような案を推し進めようとするのであれば、かえって層雲峡地区の発展の阻害要因にもなりかねないと危惧いたします。税金も投入し、整備を進めるものであればなおさら、検証に耐える計画づくりにこれから努力することでなくてはと考えます。公費が絡むのであればあるほど、過程の手続きとその決定は、公開性、透明性、納得性が必要と考えます。

六、構想の煮詰め検討が、今後意見を汲み上げて続くのであれば、当社として改めての意見をのべ検討にも参画いたします。その意思のあることは承知しておられるものと思います。論点がしぼりこまれていく点については、具体的考えも提示する労を惜しむものではありません。まず大きなショッキングななげかけがあったと理解し、そのことへの当社意見を申し上げました。

構想についても、説明と得た資料だけではあまりにも不明な点が多く、内容把握を正確にすることもまだ困難です。追っての内容確認の質問なども必要に応じて行い、より具体的な論議の進展にあたる所存です。

今回のこの書面がスタートと考えておりますし、今後を見守らせていただきます。

私どもにとっても、先を見据えた方向性ある進展になるように、適切な対応がいただけるよう要望いたします。

◆資料③《環境庁大雪山国立公園上川管理官事務所宛ての要望書》

二〇〇〇年（平成十二年）二月十五日

環境庁大雪山国立公園上川管理官事務所
統括管理官　大坪　三好　様

札幌市東区北九条東二丁目
㈱りんゆう観光
代表取締役　植田　英隆

層雲峡ロープウェイ山麓駅舎横公共駐車場使用部分の確保存続について

層雲峡ロープウェイ山麓駅舎横公共駐車場として使用されている土地につきまして、確保存続について、層雲峡市街地再開発計画（「プラン65」）の最初の公表あった時点において、平成八年十月二十一日付け文書で、当りんゆう観光として態度表明し、検討要請いたして参りました。

これについては、これまで回答をいただいておりません。さらに、計画進行のなか、当初案からの変更修正いろいろな点があると聞き及びますが、べつに公共駐車場として使用されていた場所が、特定事業者の専用駐車場となるなど、経過内容のわからぬ進展があることも理解に苦しむ点となっています。さらに、計画の一部に含まれている立体駐車場建設計画も当初案とは大幅な縮小変更が行われる方向とも聞き及んでおりますが、計画進行のなか問題あるからこその変更ではないでしょうか。

これまでの経過の中では、山麓駅舎横公共駐車場部分につきましては、確保存続の必要性意義は、いっそう明らかなものになってきていると判断しております。層雲峡観光協会からの、該当部分を含めた駐車場の拡充確保に関し、環境庁貴事務所、上川町への文書での申し入れによっても、はっきりされてきたものと受けとめております。確保と利用法の充実こそ必要であり、かえって再開発計画自体に対しても積極的意味につながるものであることと考えます。

環境庁として、確保存続に関し、明確な姿勢の打ち出しを、回答いただきたく、改めての書面での意見表明させていただきます。

以上

大雪山国立公園および自然公園に関する年表

年代	おもな出来事
１８５７（安政４）年	松田市太郎が石狩川水源調査に赴いた際、アイヌの長老らに案内され温泉（後の層雲峡温泉）を発見。十勝岳噴火（松浦武四郎『石狩日誌』に記す）。
１８７２（明治５）年	開拓使役人の高畑利宜が石狩川探査で大函・小函や流星・銀河の滝を確認、「函川」「夫婦滝」などと命名。イエローストーン国立公園（米国）発足。

１８９９（明治32）年	松原岩五郎の『日本名勝地誌第九巻　北海道之部』で、初めて「大雪山」の呼称が用いられる。
１９００（明治33）年	塩谷水次郎が石狩川上流に温泉を発見、１９１５（大正４）年に「塩谷温泉」を開業。これが層雲峡温泉のはしりとなる。
１９１１（明治44）年	愛別村の村長・太田竜太郎が、大雪山地域の国立公園化に関する建白書を逓信大臣に送る。
１９１５（大正４）年	現層雲峡地区部分の国有林が保安林に編入、保全される。
１９２１（大正10）年	文人・大町桂月が大雪山を縦走登山し、その体験を『中央公論』に発表、この地を「層雲峡」と命名し、全国にその名が知られる。
１９２３（大正12）年	道と林野局が層雲峡～黒岳～旭岳～松山温泉の大雪山縦走路を設置。

年代	おもな出来事
1924（大正13）年	各分野の専門家による「大雪山調査会」発足。地元に「大雪山登山案内人組合」ができる。
1931（昭和6）年	国立公園法が施行される。
1934（昭和9）年	瀬戸内海、雲仙、霧島の3カ所が初めて国立公園に指定。引き続き大雪山も同年中に指定となる。
1940（昭和15）年	層雲峡温泉街が集団施設地区に指定となり、所管も林野庁から厚生省へ変わる。以後、環境庁設置に伴い所管も変更。
1947（昭和22）年	厚生省に国立公園部が新設される。
1954（昭和29）年	各国立公園の現地に初のレンジャー（管理官）が着任。
1956（昭和31）年	大雪国道（国道39号）の石北峠が開通。

1957（昭和32）年	自然公園法が施行。
1960（昭和35）年	上川町立層雲峡博物館が開設。
1967（昭和42）年	層雲峡ロープウェイが開業。
1970（昭和45）年	自然公園法改正。黒岳スキーリフトが運転開始となる。
1971（昭和46）年	環境庁設置。イランのラムサールで「特に水鳥の生息地として国際的に重要な湿地に関する条約」（ラムサール条約）を採択。
1972（昭和47）年	ユネスコ（国際連合教育科学文化機関）総会で、「世界の文化遺産及び自然遺産の保護に関する条約」（世界遺産条約）採択。自然環境保全法公布。
1973（昭和48）年	大雪縦貫道計画が凍結となる。米国ワシントンで「絶滅のおそれのある野生動植物の種の国際取引に関する条約」（ワシントン条約）を採択。

年代	おもな出来事
1974（昭和49）年	国土庁発足。自然保護憲章制定。国立公園内における自動車規制適正化要綱出される。大雪ダム完成。
1975（昭和50）年	全国自然保護大会、南アルプス・スーパー林道建設の中止を決議。
1976（昭和51）年	クリーン大雪運動スタート。ゴミの持ち帰りをPR。
1978（昭和53）年	農林省改組、農林水産省発足。環境庁長官、南アルプス・スーパー林道を条件付で承認。
1979（昭和54）年	環境庁、富士山クリーン作戦を実施し、空缶など197・4トン回収。
1980（昭和55）年	わが国がワシントン条約及びラムサール条約を締結。
1982（昭和57）年	網走管内斜里町で「日本におけるナショナルトラストを考える」シンポジウム開催。

1983（昭和58）年	上川管内東川町の旭岳ロープウェイそばに「旭岳ビジターセンター」がオープン。
1984（昭和59）年	第18代町長に河本芳實氏が就任。この年、黒岳（標高1984メートル）の標高年（標高と一致した年）。登山者は約5万4千人にのぼる。
1986（昭和61）年	環境庁指導のもと、上川町、地元権利者の3者により上川・層雲峡圏の再整備事業に着手。
1987（昭和62）年	上川町を中心に「上川・層雲峡圏「プラン65」再整備計画基本構想」を策定。
1988（昭和63）年	第19代河本町長続投。
1990（平成2）年	自然公園法改正。動植物の殺傷・損傷の制限や車馬の乗り入れ規制。

年代	おもな出来事
1992（平成4）年	第20代町長に大方春一氏。わが国が世界遺産条約を締結。政府、世界遺産条約リストに屋久島等を推薦。
1993（平成5）年	屋久島・白神山地が世界自然遺産に、法隆寺地域の仏教建造物・姫路城が世界文化遺産に。ともに初登録。生物の多様性に関する条約が発効。環境基本法施行。
1994（平成6）年	「絶滅のおそれのある野生動植物の種の保存に関する法律」（種の保存法）施行。大雪山国立公園指定60周年。
1995（平成7）年	自然公園等核心地域総合整備事業（緑のダイヤモンド）スタート。
1996（平成8）年	第21代町長に鈴木文雄氏就任。広島市の原爆ドームが世界遺産に登録。

1997（平成9）年	上川町層雲峡地区で「プラン65」に基づく再整備計画スタート。環境影響評価法（環境アセスメント法）成立。
1998（平成10）年	「プラン65」の層雲峡観光総合コミュニティセンター整備事業により、日帰り温泉施設「黒岳の湯」がオープン。
2000（平成12）年	第22代鈴木町長続投。 層雲峡ロープウェイ駅舎そばに層雲峡ビジターセンターがオープン。環境庁組織改革で、国立公園・野生生物事務所は自然保護事務所となり、国立公園管理官は自然保護官となる。
2001（平成13）年	環境省設置。自然保護局は自然環境局と改組。
2003（平成15）年	「層雲峡ロープウェイ」が「層雲峡・黒岳ロープウェイ」に名称変更。
2004（平成16）年	第23代鈴木町長三期目に入る。 「全国滝サミット・in層雲峡」開かる。 高規格道路「愛別ＩＣ―愛山上川ＩＣ」間開通。

年代	おもな出来事
2005（平成17）年	氷瀑まつり30周年迎える。 大雪山国立公園層雲峡集団施設地区等整備方針（将来構想）策定検討会設立され、第一回会合開かる。 同第二回会合。
2006（平成18）年	同第三回会合が開かれ、ロープウェイ山麓駅駐車場につき、りんゆう観光に貸しつける方針が示される。 りんゆう観光と環境省間で土地の賃貸契約なる。 高規格道路「愛山上川IC―上川天幕IC」間開通。
2007（平成19）年	第11回大雪山国立公園フォーラム開催さる。

2008（平成20）年	第24代町長に佐藤芳治氏が就任。 上川町第9次総合計画スタート。 銀河・流星の滝売店（休憩舎）落成。 層雲峡小学校開校50周年記念式典。
2009（平成21）年	高規格道路「上川天幕IC—浮島IC」間開通。
2010（平成22）年	層雲峡小学校廃校。
2012（平成24）年	廃校となった層雲峡小学校をリニューアルし「層雲峡・大雪山写真ミュージアム」がオープン。

おわりに

●危機感持ち観光力増大を模索

巨額な税金を投じた観光地・上川町層雲峡での活性化のための公共事業「プラン65」に対して、疑問符を投げかけてから十年が経った。その後どうなったか、は取材者にとっては常に気がかりである。その間に経済情勢は長期低落傾向が強まるばかり。そして昨年三月には東日本大震災が起こった。観光には厳しい状況がさらに強まったのだ。この機に私は腰をあげ、上川町へと向かった。

町に入り、まず国道沿いの景観がガラリと変わったことに驚かされた。十年前には国道沿いに林立していた「ラーメン日本一の会」ののぼりが消えていたのだ。

高規格道路の降り口が上川町の手前（当麻町寄り）だけだったものが、延伸して上川町のはずれにも降り口ができていた。これでは上川町には入らず通過する人が多くなる。当然上川町の「奥座敷」とも言うべきところにある層雲峡を通過したり、そこに入る人も減ってしまう。ラーメン屋が国道沿いから姿を消したことも頷ける。同会会長の柴山昌春さんは「会員は半減しました」と言う。

私は、経済情勢と高規格道路延伸行政によって、上川町の観光が苦境に陥っていることを感じるとともに、環境省の観光地活性化事業と道路づくりの国土交通省の二つの行政間のちぐはぐさを頭に浮かべた。

層雲峡へ向かう途中にある元の「かんぽの宿」の無残な姿をも合わせると、私にはいずれもお役所の「責任」の所在をうやむやにした食い散らかしに見えるのだ。苦境におかれた上川町はしかし、観光地としての生き残りをかけて未来を切り開くべく「次の手」を模索し、新たな開発計画「旭ヶ丘開発」に慎重に着手しはじめていた。

十年経ち、問題提起したことの検証取材を進めた私は、地元に生きる人たちの底力を随所で感じた。それはおそらく地元でのリーダーたちの世代交代の進行も意味しているのだろう。新しいリーダーたちにのしかかる危機感の大きさも察せられたのだ。

経済情勢にもちぐはぐ行政にも負けずに、それらに左右されないしっかりとした観光力をつけることこそが、上川町の将来への光明となることを確信して取り掛かっている「旭ヶ丘」開発。石橋をたたいて進める事業の成功を祈らずにはいられない。

●直らない無駄づかいあちこちに

今回の取材を進めながら、私が度々感じたことは国の着手した事業については、殆どがその事業の途中における見直しがなされないか、なされても甘く、事業が中止されることはないということ。自民党政権下でたくさん進められてきた道路やダム建設などを「コンクリートから人へ」のキャッチフレーズで政権交代を機にチェンジ感を打ち出した民主党だったが、それが次々と期待を裏切る結果となってきた。

一時流行語にまでなった「時のアセスメント」の考え方はどこに消えてしまったのだろうか。

高規格道路は、過疎の地方にしてみると「利便性」が向上することは間違いないが、費用対効果で言えば投入した巨額な税金に見合うような、活性化という目に見える「利益」が還ってくるとは言えまい。

一度礼文島に出かけた時、島の北にある巨大な漁港を見てびっくりしたことを覚えている。さほど漁船も停泊していないのに、その広さは苫小牧西港並みだった。長大な防波堤はもちろん広いバックヤードは大量のコンクリートで固められたものである。

そして今、地元の反対で本体工事を中止していた道北のサンルダム(天塩川支流)建設は、計画された当初想定の人口や構想などが殆ど崩れているのに、国は防災と給水のために本体工事建設を着手しようとしている。最近では自然調節機能を生かしたかたちでのダムづくりが、多くの学者らから提言されているのに、そうした提言を採用しようとはしない頑迷な官僚らの存在がそこにはある。ダム工事関連の道道の付け替え道路だけが完成したままの姿を見ていると、官僚たちは一旦着手した事業をなかなか断念しようとしない、相変わらずの無駄づかい体質が垣間見える。

上川町の高規格道路の延伸にしても、以前から道路建設は予定されていたのだから、何故延伸した後のマイナス影響を受けない対策を取れなかったのか。大きな公共事業では、この点が当然考えられていかないとちぐはぐとなり、地方はむしろ疲弊しさびれてしまう。相乗効果のある対策を、自治体がそれぞれの長期計画や発展計画の中ですりあわせ、実行していかねばならないだろう。

ただ道路環境については「層雲峡の観光資源の質、量は他地域を凌駕しており、さらに道央と道東を結ぶ幹線国道が地域を縦貫していることは、入り込み手段の利便性で大きな利点」として、高規格道路のオホーツク方面への延伸でのマイナス危惧については、「高速道路の整備による通行量の増加を歓迎すべき点と捉えるべきだ」とする声もある。道路整備の影響をより長期的視点で見て行くことが大切とする指摘には私も同感だ。

私が良く使う日高道も今年、富川―門別間約五キロメートルが延伸したが、富川の降り口にあったコンビニエンスストアの売り上げは大幅ダウンした、と聞いた。新しく門別市街地を外れたところにできた降り口と国道との交差点横のコンビニエンスストアの広い駐車場はトラックや乗用車で埋まっていた。ここでも富川、門別市街地に入る行楽客は減少した。道路建設の進む地域では常にこうした影響が出てくる。そのことを考慮に入れた地域の活性化策を、先手先手と考えていくことが地方自治体側には求められている。

サンルダムでも当初はダムサイトを観光に、と考えられていたが、そうした準備ができるのか、全く見えてこない。むしろ過疎が進む中では、地域づくりを担う主人公がいないという現実が、どこにでもあるのだ。巨大なダムができただけで、一時的に地元工事業者が潤ったとしても、結局は町がさびれてしまったということにならぬよう、真剣に事業を見直し建設中止の決断をすべき時であると私は考える。

最近出版された「環境省の大罪」(杉本裕明著)でも終章で「かつて、志を持った官僚がいた」と同省の現在の体質変化を指摘している。他の章の見出しには「情報公開を請求されると議事録作成を中止」とか「環境マインドのない官僚が跋扈する環境省」などが見られる。初代の大石長官の気質などは私も触れているが、官僚らの堕落が進んだということだろう。同著の著者は元朝日新聞の同省担当記者で、内容の説得力は十分だ。

私がこれまで四十年ほどの取材記者としての活動を通してつくづく感じた現実は、無責任な政治家と官僚たちの長期展望のない公共事業のやりっぱなしと、自分たちだけが老後を豊かにしているというものである。高い志を堅持した政治家や官僚が不在であることは、この国にとっては不幸なことと言わねばなるまい。

巨額な税金が投入される公共事業。無駄づかいに対する感覚麻痺をおこしている官僚や政治家ら。政権交代しても改まらない現実に、地方の住民らは翻弄され続けていると言わねばならないだろう。

二〇一二年　雪を冠した手稲山を眺めながら

長縄　三郎

◆著者プロフィル
長縄　三郎（ながなわ・さぶろう）
1947年、北海道深川市に生まれる。1973年、北海道大学水産学部博士課程中退。同年、時事通信社入社。社会部、スポーツ分野の記者として活動後の1976年からはフリーライターとして月刊誌や週刊誌で執筆活動を展開。現在、地元紙などで編集・執筆を行っている。著書は『崩壊すすむ北海道の創価学会・公明党』（北海公論社刊）、『乱脈の深層～追跡・北全病院事件』（私家版）、『北海道の20世紀』（共同執筆、北海道新聞社刊）、『なぜ排除するのか』（共同文化社刊）ほか多数。

検証　層雲峡は、いま
～観光活性化事業「プラン65」から10年～

2013年1月1日　初版第1刷

著　者　長縄　三郎
装　丁　佐々木正男（佐々木デザイン事務所）
発行所　㈱共同文化社
060-0033　札幌市中央区北3条東5丁目
電話　011-251-8078
http://kyodo-bunkasha.net/
印刷所　㈱アイワード

ISBN　978-4-87739-229-1　C0095